藍學堂

學習・奇趣・輕鬆讀

Memory Power

You Can Develop a Great Memory–America's Grand Master Show You How

大腦什麼都記得住！

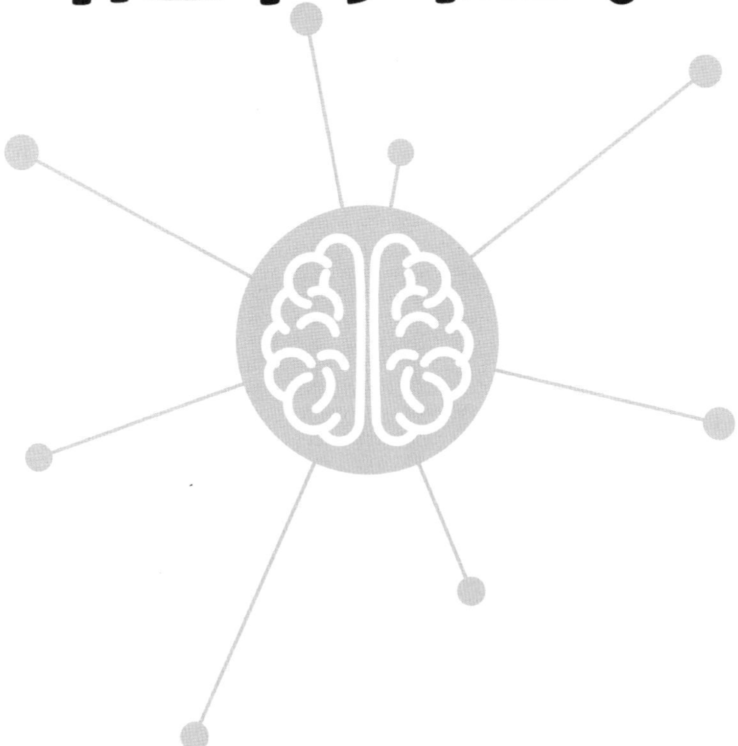

作者／史考特・海格伍德 Scott Hagwood　譯者／張定綺

目錄

大腦什麼都記得住！

推薦文1　腦力時代

洪蘭

最近報載，有家長付了十二萬元補習費讓孩子去上「快速記憶」補習班，結果發現無效，要求退費不允，鬧上消基會。這個新聞讓我們看到台灣很多人對記憶的本質仍有很多迷思，需要有正確的知識來導正他們觀念。

本書作者本來是一個記憶平庸的人，因為得了甲狀腺癌，在醫院等待治療時，一方面是生病無聊，想找個事做，另一方面也是怕放射線傷害大腦細胞，損毀他的記憶，便開始做記憶練習，最後蟬連美國四屆記憶比賽冠軍。這本書就是他所練習的方式。可見凡事往好處想，常有意想不到的結果。牛頓也是在劍橋大學念書時，碰到歐洲瘟疫流行，只好回到鄉下避難，因為在家很無聊，從窗簾透進來的光線穿過三稜鏡，發現了白光原來是七種色光的組合，因而發展出光學定律，真是塞翁失馬，焉知非福。本書作者非常樂觀，不但沒有被癌症擊倒，反而發展出另一個謀生的長處。

作者說，如果他可以做得到，你也可以做得到，這句話很對，只是我們一般人平日忙著生計，沒有時間去鍛鍊心智等記憶術。不去做不代表不能做，其實人的大腦是由一萬億個（100 billion）神經元組成，每個神經元又可以跟其他的至少有一千個以上神經元連接（至多可到一萬五千個），所以大腦可說是一個非常錯綜複雜的資訊高速網路系統，可以儲存大量訊息，並且可以立即提取。有人計算過，一個捕手要接一個高飛球，只要看一眼就知道自己要跑到哪個位置上才接得到，但是電腦需要一千個程式才能做到。就「彈性」（flexibility）而言，人腦比電腦靈光千萬倍，大腦絕對不會因為用太多而超載。有人估算大腦可以儲存的資訊量，是全世界所有印刷品總量的五倍，或是美國國會圖書館全部藏書的五萬倍。因為大腦有這麼大的能量，記憶就變成一個很重要的議題，儲存而不能提取等於是零。

一九五〇年代，加拿大蒙特婁大學神經學家唐納德．赫布（Donald Hebb）就提出「赫布定律」，說明記憶是同步發射的神經迴路，同步發射的神經元會串連在一起（Neurons that fire together, wire together.），而且連續不斷的同步發射可以增強記憶，促使大腦中處理這種能力的神經區域擴大。

有一個實驗將大腦的可塑性說明得很清楚：倫敦是個老城，沒有都市計畫，不像紐約是棋盤式有規則可循，因此倫敦的計程車司機必須考特別執照才能在倫敦開車。實驗者用核磁共振造影術（fMRI）掃描開車六個月的司機及開了四十年的老手，結果發現老手大腦海馬迴後端管空間記憶的區域有變大，表示大腦會依外界的需求，而改變內在功能的分配，這就是大腦的可塑性（plasticity）。因為大腦有這個可塑性，腦與行為是個動態（dynamic）的關係，常常使用就會增加這個技能的大腦神經連接，使這個技能愈精純。

在古代，記憶的確很重要，大部分人民是文盲，又沒有紙筆可以做小抄，一切都靠記憶。羅馬人發明「位置記憶法」（method of loci）用熟悉的地點作根據，將要背的東西透過心像，跟熟悉的地點連結在一起。從實驗上得知，如果沒有產生交互作用（interaction），只是放在那個地點上都還無效，例如只是把一個洋娃娃放在客廳的椅子旁邊，對記憶就沒有幫助，必須是洋娃娃坐在客廳椅子上，兩者影像互相連結才有幫助。

但是現代科技這麼發達，要背的東西可以交給電腦去記，人腦應該釋放出來組織和整理。記憶固然重要，但是思考比記憶更重要，只有打破死背標準答案的迷思，台灣孩子的痛苦才可以解脫。我們必須了解時代在改變，每個時代對人們的要求不同，十九世紀是個有土斯有財、列強爭奪殖民地的世紀；二十世紀是個勞力的世紀，用人賺錢；二十一世紀是個腦力的世紀，機械已經替代了人力，勞力時代已過去了。現在講求的是腦力，我們孩子的能力必須從死背的記憶中釋放出來作創新發明才有飯吃。既然社會的要求不同了，我們怎麼可以還在用二十世紀的教育方式訓練二十一世紀的公民呢？許多企業家找不到人才，但是我們訓練出來的畢業生卻又找不到工作，這兩者之間的落差，就是我們的教育沒有跟上時代，還停留在「背多分」階段，殊不知別的國家早就不用這種評量方式了。

本書帶給我們信心，讓你知道沒有人是真正的「記憶力不好」，端看你願不願花時間去鑽研它而已。看完這本書令我想到「精誠所至，金石為開」、「苦心人天不負，有志者事竟成」。天下沒有做不到的事，只要有毅力、有耐心一定會成功。舜何人也，予何人也，有為者亦若是！

（本文作者為中央大學認知神經科學研究所講座教授）

推薦文2　學「如何記憶」，讓你的人生睡飽又拿高分！

楊斯棓

你或許聽過一種說法：「大腦不是用來記憶的，而是用來思考的。」但我們大可不必把記憶跟思考視為二元對立。

很多老人家以能背出台積電等數十家的股票代號而沾沾自喜，但如果你的功夫只限於記得公司代號，可能對獲利無甚幫助。笑傲三十年的投資常勝軍僅需要記得一些鐵律並遵守，譬如說不去預測股價漲跌，平心接受股價波動。譬如說不擇時，分批買入貼近大盤表現的ETF。譬如說分散投資標的，全球佈局。

嚴格說來，成功的投資者似乎只要擁有思考能力就夠了，他不用記什麼瑣碎知識，單單減少交易頻率這一招，省下來的手續費，厚實了資本，就把那些像發情公狗的焦躁投資人又給比下去。

奇怪，如果說記憶力在投資上不是那麼重要，那在其他事情上重要嗎？

我們再看另一件攸關許多人的大事：「聯考作文」。很多有寫作才華的人，聯考作文成績遠不如他所預期。很多不擅創作的考試高手，卻在聯考的中、英文作文都拿高分，何以致之？

關鍵在作文時間。請問在那麼短的時間內被要求產出文章，這是讓有作家潛質的人能字斟句酌的發揮，還是讓熟背了二十篇範文的人得以大顯身手？

我的結論是：**在不同的戰場上，思考跟記憶各有比重不同的角色。**

記憶下對功夫，國考事半功倍

針對記憶來說，在不同的戰場（文言文、英文、化學），需要用不同的方法記憶其內容。以許多國家考試來說，那種考題的數量跟考試時間，並不是要考出什麼思想家，只是要考出誰對這一段死知識滾瓜爛熟，能不能及時反射選出答案。

對於那些亙古不變的瑣碎知識內容中，熟悉誰在誰分類下，誰隸屬誰，若不下工夫記憶，一遇考題就覺得每個答案都對，也都不對，那就難以通過國家考試。

如果你裸考中醫師執照，大概不會過，畢竟需要熟悉許多典籍內容。譬如說《靈樞‧

經脈》：大腸手陽明之脈，起于大指次指之端，循指上廉，出合谷兩骨之間……。

名人褚柏菁醫師曾分享自己的記憶方法，一時傳為美談。她利用綠島小夜曲的旋律，把上述文字取代原有歌詞。以旋律為主幹，中醫知識就如藤蔓般的在我們腦海滋長，短時間內，考生在腦中蓋出一個褚氏溫室，得以迅速搶分。

無獨有偶，《我的第一堂西語課》作者游皓雲老師在教西班牙文的週一到週日以及十二個月份時，並不是叫你抄寫單字一百遍，而是播放兩段旋律不斷重複的短歌，旋律易記，如上述建立主幹，月份跟星期幾就如藤蔓，可以快速在腦海裏面有次序的排列。

西醫國考要通過並不難，但也要記上萬個瑣碎的醫學知識，譬如說股神經、股動脈、股靜脈由身體外側到內側的相對位置，要怎麼在最短時間內一次記起來，可以用英文單字海軍來輔佐記憶：navy。n是nerve（神經）、a是artery（動脈）、v是vein（靜脈）。這算最簡單的例子，我訪問過許多睡最飽又拿高分的醫學生，都很擅長用acronym（如navy般的頭字語）去掌握更多瑣碎醫學知識。

臉盲者失天下，能認人得天下

學士路7-ELEVEn店長姚大姊很會認人，看到不同客戶踏進店家就會精準的和顧客對上頻道：「今天來取書阿」、「今天來買咖啡阿」、「今天來吃中餐阿」，無怪乎業績在台中市名列前茅。

桃園市長鄭文燦也是一個奇葩，腦中建檔一萬五千人，第一次握手寒暄，第二次再握手，見人臉喚人名，對方行業，何時相遇，娓娓道來，於是牢牢握住一世人鐵票。

讀這本書有個訣竅，不要有壓力想一次學完美國記憶力冠軍·海格伍德所有招式，**只要記得那幾個大原則：好好睡覺、要寫日記、習慣散步、針對記憶內容「少量多餐」。**

我們可以針對自己當下需求，在特定記憶範圍內先努力。譬如你在餐廳服務，你不用急著學怎麼記一排數字，你可以先熟讀書本內篇章，鍛鍊自己記住熟客跟其愛好的能力。當你對自己的記憶力越來越有自信的時候，你就不會把記憶力好的人歸因於他先天擁有擁照相記憶術，事實上書中舉艾瑞克森博士的結論：沒有人擁有照相機式的記憶。

這告訴我們沒有誰是天生的，大家都是媽生的，**透過有目標、有節奏的學習，記憶力確實是可以日日精進的。**

（本文作者為方寸管顧首席顧問、醫師）

推薦文3　記憶力是勝出的關鍵！

王聖凱

認知影響行為非常的大。讀國中時，我以為人類記憶容量有侷限，所以除了讀書外，我不看課外書。後來大學三年級時聽了一場講座，自此改變了我對大腦的認知，我開始學習快速記憶、心智圖與速讀，並開始鍛練我的記憶力，慢慢地發現我的記憶力越來越好了。

科技造就「懶得記」的現代人

現代人有太多方便的工具，許多要記憶的事情就都讓手機、電腦來幫你記憶，使得記憶功能長期不用、不鍛練，長久下來記憶力很容易退化更快。其實記憶力不只是一種能力，更是一種信念、習慣與態度。如果你覺得你記憶力不好，當你抱持這種想法時，你就不會去記事情，大部份的時間都用工具幫你記憶，這樣下來記憶力就會愈來愈差。透過本書可以改變你對記憶的信念，用書中建議的訓練方法可以養成記憶習慣，讓記憶力增強。

在現今這個時代，信息海量，知識獲取非常容易，比方說想要了解諾貝爾獎，只要google 一下，就可以得到相關訊息，不過，會有超過三千七百萬筆資料等著你去學習、去閱讀。

學習「如何記憶」

在這信息海量的時代，我們要先學習高效獲取訊息、記憶訊息、應用訊息的能力。記憶力與學習力的訓練，應該是在學習任何科目或專業之前就要好好訓練的能力。記憶力與學習力能力強，學習任何專業才能更快、更高效。工欲善其事，必先利其器，趕快拿起這本書開始學習，先好好了解你的大腦、學習善用你的大腦，發揮你的超強記憶力，讓你的學習更高效。

聽過許多記憶大師的故事，本書作者的故事最激勵人心，作者可以辦得到，相信你也可以辦得到！只要你相信記憶力可以訓練，掌握方法並時常練習。有些人天生記憶力比較好，但是要像這些記憶大師們一個小時記憶一千位以上的亂碼數字，絕對需要後天鍛練。這是一個好消息，你的記憶力隨著年紀越來越大，越來越差了嗎？你覺得記憶沒辦法訓練嗎？這本書可以學習對大腦、記憶正確的認知。你也可以透過鍛練來改善記憶力，提升工作效率。

記憶大師都在用羅馬房間記憶法

我在二〇一四年開始擔任世界腦力錦標賽國際裁判，跟許多世界頂尖的記憶大師交流，發現他們用的記憶方法就是本書第六章「羅馬房間」方位記憶法。「羅馬房間」方位記憶是什麼概念呢？就好像中藥店藥櫃一樣，店內有上百款中藥，為什麼中醫師不會找不到藥？因為他們把藥放在固定位置上。很多時候，我們出門會找不到鑰匙，就是我們沒有把鑰匙放在固定的位置。

本書不只分享了關於記憶比賽項目的記憶方法，還有許多實用的記憶小方法，例如，第六章中的「十種腦力健身操」與第十一章「記憶力七日增進術」。對於想要增強記憶力的讀者來說，我絕對推薦閱讀這本書！

（本文作者為中華記憶運動協會 創會理事長）

推薦文4　收放自如的記憶

李家維

我相信這會是一本暢銷書，因為博學強記是多少人的夢想，除了反覆背誦，我們幾乎不曾學過哪種竅門可以有效增強記憶。然而同時我們又有那麼多的煩惱，剪不斷、理還亂，能忘了多好！想忘並不容易，而歲月又常摧殘那些我們不想忘的美好。我想熟讀此書，若能達到收放自如的記憶境界，人生就更美妙了。

（本文作者為《科學人》雜誌總編輯）

前言　不是你記性不好！

我知道，你總是覺得自己記性很差，你常找不到汽車鑰匙、昨天又忘記發那封email、甚至更慘的是，你忘了結婚紀念日！

放輕鬆，我可以掛保證，你的記性沒問題！多年來我也是跟你同病相憐：我是個成績不怎麼樣的學生；我曾在一群聽眾面前忘記一首簡單的鋼琴曲子，尷尬得無地自容；我常想不起來汽車鑰匙放在哪兒。然後……我發現自己患了癌症。

罹患癌症跟記憶有什麼關係？因為醫生告訴我，治療會影響大腦，讓我很難集中注意力，而且記性會變差。這真是羞辱到了極點：得一種會威脅生命的病已經夠恐怖了，還得接受使我原本就很差的記性越發衰退的治療！我不得不把治療的工作交給醫生——他們做得好極了——但我打定主意，自己至少得做點什麼來緩和這種治療對腦子的副作用。如果你五年前告訴我，我會贏得全國記憶比賽冠軍，我一定會哈哈大笑，別做夢了！我不過是個愛老婆、愛孩子、想好好過這輩子的平凡人，但我已經連續四年贏得全國冠軍了，這本書就是我如何成功的故事。

我發現人的記憶就像身體，多鍛鍊就會強壯，竅門在於如何鍛鍊。我在本書中會示範如何做記憶練習。最棒的是，**你會發現這些練習都超乎想像得容易，但卻效果卓著。一週之內，你就能記得更多，並運用記憶力使生活更美好。**

癌症會改變患者的人生。第一章談的就是這次與死神擦肩而過的經驗，它教我知道每個人都擁有超乎自己預期的記憶潛能。我很幸運，有一組優秀的醫生幫助我痊癒，我永遠感激他們。我在接受醫生所規畫，令人害怕的療程時，仍努力保持思考與記憶的完整，很擔心失去某些對我很重要的東西。但彷彿天啟，我發現自己的記憶力其實很不錯！竟然記得陳年往事的枝微末節。雖然治療暫時剝奪了我集中注意的能力，甚至記不得幾分鐘前發生的事，我卻因為發現自己能夠記憶而欣喜若狂。我很好奇，那些陳年往事怎麼可能記憶猶新，因此踏上接下來要與你分享的發現與學習之旅。你一定要親身體驗，才會相信人的心靈與記憶是多麼神奇。

第二章開始就是你的訓練計畫，把它當做暖身運動好了。實際上就是每天寫日記，每天晚上記錄你這一天做過的事、遇見的人、做的決定、甚至午餐吃的東西，這花不了多少時間，然後我們來檢討日記對於你的記憶方式透露些什麼訊息，再用幾個基本步驟改善它。我們不要「花招」，這些都只是你本來不知不覺就在做的事。

暖身以後，在第三章會探討記憶如何形成。觀察記憶形成的過程有兩種途徑：一種可以稱之為「科學方法」，複雜的程序牽涉到我們通常都交給科學家處理的神經元、樹狀突（dendrite）、化學物質與電流等；另一種方式把記憶視為經驗的果實。我們透過五種感官體驗周遭的世界：視覺、聽覺、觸覺、味覺、嗅覺。另外，情緒也很重要，因為我們通常都會對經驗產生正面或負面反應。最後，很多經驗都涉及行動。我們採取行動或承受別人的行動，或者只是想像一種行動。綜合這些元素——我們的感官、情緒與行動——就是記憶！這當然都是你已經在做的事，多半時候你不假思索就做了。第三章要教你花更多時間思考自己的經驗，創造更加精確、完整的記憶。

如果說人類最擅長記憶自己感興趣的事物，你可能不會感到意外。第四章教你如何利用這一共同特質建立更完整的記憶。基本上，你將學會把希望或需要記憶的任何東西，跟感興趣的事物聯想在一起。這是很簡單的連結原理——所有東西都可以用某種方式跟其他東西連結起來。你會發現大腦能夠用非常有創意的方式連結事物，聯想過程大部分都靠創造心靈圖像。再次強調，這是你一直在做的事，只不過你沒有發覺而已。聽到「早餐」這個字眼，你心靈的眼睛就會看到一些與早餐有關的形象，也許是一盤炒蛋的畫面或煎香腸的香味。心靈圖像會成為你用來集中記憶力的另一項工具。

第五章要學習「重複」在增進記憶力中扮演的角色。我知道你在想什麼：「這是最難的部分，我必須一遍又一遍重複，直到記住為止。」錯了！很多人以為無止境的重複是記憶的關鍵，真是太不幸了。**重複影響記憶的真正關鍵功能就像是播種——你播下記憶，然後經常回來耕耘與施肥。**時間是一塊強力橡皮擦，不斷擦拭你的記憶，但使用書中的工具，可以從這一章學會創造與儲存記憶最有效率的方法，並且保護記憶不被時間腐蝕。

現在我們創造記憶力的架構已相當堅固，接著在第六章會看到一種超棒的記憶技巧，雖然這一技巧已發明數千年，但過去幾百年來很少人使用。這就是所謂的**「羅馬房間記憶法」**（roman room），它是記憶任何事物最重要的工具，教你使用基本的房間架構四面牆、四個角、地板和天花板——儲藏和叫出你的記憶。「羅馬房間記憶法」是永恆的「勿忘我」地點，可以搭配任何種類的資訊，並在你的現行記憶和長期記憶間搭起橋樑，不論記憶什麼，程序都相同。在我發展記憶力時，記憶的過程總是那麼引人入勝，令人不可思議。有時別人會問我，每次準備參加記憶比賽都要記憶一整桌的紙牌，怎麼都不會覺得厭倦。當然，這些年來我在練習時已經記住了成千上萬副牌。但是即使我記完下一副牌，仍覺得記憶力的神通廣大令我難以想像，「羅馬房間記憶法」像一扇通往永久儲藏室的大門，讓你輕易把可能失落的資訊，轉存到一個無限大的儲存區域。雖然時間會沖淡所有記憶，但「羅馬房間記憶法」卻像提供緩衝、保護新存入的資訊、不讓硬要把你心靈硬碟洗乾淨的時間得逞。我知道這聽來很奇怪，但你試過便知！

因為記性不佳而面臨最尷尬的場面，莫過於忘記人家的名字，問題往往出在介紹過程太快，沒有得到足夠的資訊，或資訊得來太快。第七章我們會談到記憶名字的若干策略與祕方，從在引見時多加注意，乃至把對方某些特徵跟我們已經熟識的人聯想在一起。第七章的練習簡單而有趣，你可以找出高中畢業紀念冊，然後每次去逛大賣場時就練習一下，甚至可以利用報紙廣告和專業氣象電視台，磨練自己記憶名字的能力。

不論你的記憶訓練多麼完善，總會有不能發揮預期功能的時候。**我們已知時間是記憶的大敵，但另外還有三個不相上下的敵人：壓力、睡眠不足和不專心。**第八章談的都是如何辨識與對抗這些敵人，我們也要學習如何重建可能被這些詭計多端的仇敵傷害的記憶。

第九章我們去拜訪探索頻道（Discovery Channel）和一組希望了解我大腦運作的腦部

研究人員，雖然他們本身的發現很有趣，但我真的很希望你閱讀這一章的心得是「史考特是誰啊？如果這傢伙做得到，那我也可以做得到！」，因為這是事實。

你可能還沒注意到，用來改善記憶的技巧都可以移轉到人生的每一個層面，改進事業和社交生活，這就是第十章的主題。歸根究柢，改善記憶也就改善了思考能力。我想你會很高興知道，全國記憶冠軍賽的各項活動——那些乍看可能有點可笑或無用的活動——都可以實際應用在日常生活中。

這場增強記憶之旅，最後會在記憶健身房做一個總結。我根據你即將閱讀的章節，**設計了七種使記憶力顯著進步的練習，每天做一種，剛好一星期一個循環。**當然，你也可以照自己喜歡的步調做這些練習。

過去五年對我而言是一場精采絕倫的旅程。若你因記憶力改善所得到的滿足與喜悅有我得到的一小部份，你的旅程也就值回票價了。

第一章
因禍得福

聽到這個噩耗是一九九九年一月十四日，正好是我三十六歲生日那天。「史考特，是癌，而且已經擴散了，我們必須馬上動手術，就是今天。」

幾個星期前，我十八年來的第一次身體檢查發現甲狀腺有個腫塊，我一直祈禱湯瑪斯大夫前天做的切片會證明它只是個良性的結節。做切片前，湯瑪斯大夫告訴我，有人選擇在做切片時切除整個甲狀腺，但他希望這種手術能免則免。一般人沒有甲狀腺也能活得很好，但缺少這個腺體必須終身服藥治療。

現在別無選擇。第二次手術，湯瑪斯大夫切除了我的甲狀腺以及附近淋巴結上的一個可疑腫塊。他高明的技術使我聲帶免於受損，疤痕也幾乎看不見。

一星期後回診，湯瑪斯大夫檢查切口，對痊癒的速度讚許地點點頭，但接著口吻卻變得陰沉。

「我相信我們已經切除乾淨，」他說：「但問題是，這種類型的癌細胞會捲土重來。即使我們把甲狀腺四周都切得很乾淨，還是有可能殘餘微小的甲狀腺組織，有些小到根本拿不到，如果是這樣，組織裡的微型腫瘤可能再滋生。研究顯示，復發的可能性是三成，但要不要進一步治療你得自己決定。我可以現在就開左旋甲狀腺素（synthroid）給你服用，這種藥得吃一輩子，但如果決定做進一步治療，就必須延後處方，以免藥物副作用。」

我沒有這樣的心理準備。剛開始停用止痛藥，覺得很不舒服，我最不想做的事就是研究治療方式，評估風險，尤其要拿我的生命做賭注，但妻子珍娜想得比我快很多，她已經跟杜克大學附設醫院（Duke University Hospital）的腫瘤學家約瑟夫・摩爾醫師（Joseph Moore）聯絡，摩爾醫師曾治療她父親的癌症多年，他的態度很明確，他說：「接受進一步治療。」

「從體檢發現腫塊開始，我學到很多與甲狀腺有關的知識，早已知道它影響心跳速度與新陳代謝，所以甲狀腺有問題的人容易覺得疲倦。但我還得知，甲狀腺賀爾蒙影響人體每一個細胞，操縱細胞生長、維繫身體機能的所有物理與化學程序，最令我憂心的是，缺乏甲狀腺素往往導致注意力無法集中，有時會記憶力甚至會嚴重流失，但醫師們再三保證：一旦確定人工合成甲狀腺素的正常濃度，這些副作用通常就會消失。

「額外的治療約需時三週，這可能是我一生中最古怪而痛苦的一段時間。摩爾大夫解釋療程說：「我們必須摧毀任何殘餘的甲狀腺組織。甲狀腺會自然吸引血液裡的碘，因此，你要吞服一種放射性碘溶液，它會自動尋找和摧毀甲狀腺組織，有點像二次大戰老電影裡的潛艇任務。不過，你的身體會因而具有放射性。至於治療的進展會用蓋格放射儀檢測，你必須在一個襯有鉛壁裡的房間待兩天。雖然你的身體會透過排尿和排汗，自動排出大部分的放射性物質，但還是會有少許這種物質殘留在你體內達三週之久，你帶到鉛壁病房裡的每樣東西——書、紙張、任何東西都不能再帶出去，所以不要帶手提電腦或其他貴重物品。」

「為什麼？」我很好奇。「如果只有少許放射性物質殘留在我的汗腺裡，有什麼關係？」

「那是你在鉛隔離室兩天以後的事。你在室內的時候，放射性可高得很，別人只能跟你做有限的接觸，而且這麼做的時候必須戴上輻射微量感測徽章，你碰過的每件東西都受到污染，屆時你會收到一份相關注意事項說明書，你的所有疑問都會得到解答，所以要記得把問題寫下來，免得忘記。

謝天謝地，他說這話的時候還對我眨眨眼睛。

與我的「記憶」相遇

我覺得體力夠好時，便到附近書店瀏覽介紹大腦及其運作方式的書籍，我想知道有沒有可能做些什麼事，來緩和記憶力及其他認知技巧退化的問題。我翻閱過的書當中，有一本是東尼．布讚（Tony Buzan）所著的《運用完美記憶》（*Use Your Perfect Memory*）。封面簡介說，布讚是「全世界大腦與學習技巧的一流權威。」書中有一段特別引起我注意：

記得我讀大學的時候，起碼有三位同學，某幾門學科的知識比同年紀任何人都豐富，他們常當那些學不好的人的家教。很難想像，這幾位聰明過人的同學，考試卻經常考不好，他們都抱怨在考場沒有足夠的時間整理大量的知識，或不知何故，在關鍵時刻就會「忘記」。

「我就是這樣，」我心裡這樣想。我在學校很用功，但考試偏偏就是考不好。

然後我讀到布讚用紙牌設計的記憶力練習。我不大懂它的用意，但我知道不久就會有很多需要排遣的時間，買一副廉價撲克牌到鉛隔離室也沒什麼損失，於是便買下那本書。我排定三週後進鉛隔離室。等候治療的這段期間，我的生活慢慢陷入一種緩慢的超現實世界。少了甲狀腺穩定供應的甲狀腺素，每件事都變得格外困難。大多數人靠閱讀放鬆，但我只要看幾頁書就覺得肉體和心靈都疲憊不堪，什麼也記不進腦子裡。我完全看不懂自己讀的東西，語言能力也嚴重衰退。人家問我一個問題，我剛要開始回答，思路就會突然斷絕。我常好奇阿茲海默症是否就像這樣——前一刻還清醒，下一刻就什麼都不知道了。

一九九九年二月十九日，我服用第一劑放射性藥物，摧毀殘餘在我喉嚨裡的癌細胞餘孽。醫院的病房看起來很正常，除了那扇門，看起來像是通往銀行金庫的門。一位護士拿給我的放射性碘溶液，裝在看起來像是石器時代的湯碗裡，就是「摩登原始人」用的那種，用石頭鑿出一個厚得要命的殼。沈重的碗裡有個小藥瓶，瓶裡裝的東西看起來像清澈的水，我很慶幸它沒有發光，我只是把它喝下，然後再喝幾杯水沖下肚。

護士離開後，門轟然合攏，像一塊沈重的巨石滾到墓穴門口，奇怪的是，震耳欲聾的寂靜突然令我想起我第一次也是唯一的一次鋼琴演奏會，那個回憶出人意外地歷歷在目、記憶猶新，就像時光倒流一般。

我要彈的曲目是《溜冰華爾滋》（*Skater's Waltz*），我花了無數個小時在客廳那架鋼琴上敲敲打打，熟記一串串音符。演奏會是個可怕的日子，面對那一小群自豪的家長和勉為其難到場的兄弟姊妹，壓力不亞於面對數千名觀眾。十來個表演的學生關在舞台旁的小休息室裡，緊張期待在這裡醞釀成強烈的恐懼。我的手腳都在發抖，比我年幼的學生贏得的掌聲對我絲毫沒有安慰作用，手腳就是不聽使喚的抖個不停。奇怪的是，我腦子裡滿是興高采烈騎腳踏車衝下潮濕的街道，然後猛踩煞車，滑行一段距離後停住的景象。我的手指在琴鍵上滑動，會不會像腳踏車輪胎在潮濕的人行道上滑行一樣輕鬆自如？

那一刻終於來臨。當老師介紹我時，我頓時像根柱子般動彈不得，驟然喪失在後台等候那種沒沒無聞的安全感，一時無法適應。我蹣跚走向那座平台鋼琴，沒有看觀眾，目光固定在黑白琴鍵上，當然它們會恢復我空虛的自信，消除我雙手的顫抖。幾個月來的練習，我自以為跟那八十八個琴鍵已經成為好朋友，但我把手指放在開始的位置時，它們卻背叛了我，我發現我從來沒彈過這台鋼琴，我的手指在琴鍵上動彈不得，鍵盤不知怎麼搞的，顯得更長、更優雅，散發一種莊嚴的光華，跟家裡的直立鋼琴大不相同，感覺就是不一樣。我癱瘓了，沈默令人窒息，像一片看不見的霧，使我只看得見眼前彷彿在嘲弄我的琴鍵，此時其他東西都模糊成一團煙，很快滲透到我腦子裡，擦掉了我腦子裡的《溜冰華爾茲》。

我不知道自己在那兒杵了多久，然後傳來我最要好朋友母親的聲音：「你做得到的，史考特！」這句神奇的話打破了沈默，也打破了凍結我身體的恐懼，但結果並沒有比較好，我起身，轉向充滿期待的觀眾，喃喃說道：「各位女士、各位先生，我忘記曲子了。」

我逃離舞台，迫切企求後台休息室的慰藉，卻只落得面對其他學生對我演出失敗的幸災樂禍。從此我再沒上過一堂鋼琴課。

這個回憶就在鉛門合攏時略過我腦海，我幾乎可以觸摸到自己當時汗濕的手指所觸碰的琴鍵。那充滿黑色幽默的瞬間，我努力發揮意志力回到過去，重新彈奏《溜冰華爾滋》，用我充滿放射線的汗水污染那些背叛的琴鍵。

就在那一刻靈光乍現：我可以像照片一樣清晰地回憶過去！也許我現在的注意力不集中，但顯然我的長期記憶運作正常。我能如此清晰回憶那場鋼琴演奏會的速度和細節，以我心智遲緩的狀況而言，實在太驚人了。

忽然，布讚書中的一些話對我開始有了意義。**要解開以閃電速度記住一副牌的祕密，必須先了解自己蒐集與儲存記憶的習慣。**

癌症會改變患者的人生，結果有好有壞。我三十六歲生日接到的噩耗，標示著一趟旅程的起點，把我帶到精神與肉體生活的谷底。雖然癌細胞破壞了我的甲狀腺，但也開啟了我通往欣賞人類記憶牢靠、不可或缺與完美的大門。**本書談的就是我從這趟不尋常的旅行學到些什麼，以及你可以如何運用我的經驗改善自己的記憶力。**

好記憶不是年輕的專利

很多人一輩子都以為自己記性不好，想想你有多少次聽到類似的話：「親愛的，有看到汽車鑰匙嗎？我忘記放在哪兒了！」又有多少次你在商店遇到某個鄰居，卻怎麼也想不起對方的名字？你可曾有過以下任何一種念頭：

我理解有困難
我注意力不集中
我記不住人名
我很容易厭倦
我考試考不好

別擔心，這些情況每個人起碼都碰過幾次。過去十年來，便利貼無所不在，最近幾年掌上型電腦大行其道，都證明我們努力想趕在忘記之前把事情做好。喜劇演員比爾・寇斯比（Bill Cosby）常談到他的「記憶殘留理論」（Memory Is in the Butt Theory.）。有時他會走進一個房間，卻忘記自己為什麼來這兒。每逢遇到這種狀況，他就退回剛才離開的房間，坐下來，通常就會想起本來到這個房間要做的事。

經常跟小孩為伍的人會發現，孩子們往往只要看一遍或聽一遍，就能把資訊存進腦海。我們讚嘆孩童心智可塑性的同時，也會想到自己不再年輕，因而下意識做出結論，以為記憶這種稍縱即逝的天賦，是年輕人的專利，年紀漸長就消耗殆盡。

一九七〇年代，我在田納西州靠近大煙山的丘陵地帶求學，那時以為「記憶」不過是一種委婉的說法，用以形容類似小學三年級老師逼我背的九九乘法表，總有一天會在我腦子裡鑿出如同古早二十三轉唱片上的溝槽——那些無聊而機械化重複的事實與數字。我依稀還聽見那個單調的女聲一遍又一遍唸道：「三二得六、三三得九、三四十二。」學校裡大部分材料都傾向無止境的重複。學寫字就是一小時又一小時、一遍一遍練習寫字母，直到完美，甚至代數、幾何等進階科目，也都是一再重複解類似的題目，直到我腦子裡形成一種心靈麻木模式為止。

我確實學會一些有點幫助的「招數」。字首字母組合的「HOMES」幫助我加快記住五大湖的名稱：呼倫湖（Huron）、安大略湖（Ontario）、密西根湖（Michigan）、伊利湖（Erie）、蘇必略湖（Superior）。生物課上，我靠「菲力普國王來吃上好義大利麵」（King Philip Canne Over for Good Spaghetti.）記住生物分類的次序（界Kingdom、門Phyluna、綱Class、目order、科Family、屬Genus、種Species）。太陽系行星以太陽為中心的排序，靠一個精心設計的句子搞定：「我高等教育的母親剛才給我們吃九個披薩」（My Very Educated Mother Just Served Us Nine Pizzas）亦即水星（Mercury）、金星（Venus）、地球（Earth）、火星（Mars）、木星（Jupiter）、土星（Saturn）、天王星（Uranus）、海王星（Neptune）、冥王星（Pluto）。（譯注：此處舉例的記憶輔助句，主要是幫助記憶正確的排序。輔助句裡每個字的第一個字母與需要記憶的對應字相同，輔助句因為有意義，所以字的秩序是固定的。）

不過我的小花招仍經不起考驗，一到考試就失效。我高等教育母親點的究竟是披薩還是義大利麵？結果我的成績很不好，跟朋友相較之下，我總覺得自己是個笨蛋。我高中畢業名次排行落後，田納西大學入學考的成績也是低空掠過，更加強了我的想法。

大學情形比高中還糟，尤其因為我決定主修工程，而且還選了保證是大學部最難拿學位的化學工程。我得承認，我之所以選讀這個科系，是因為對自己求學的缺點有自知之明，我以為這麼難讀的科系可以提供足夠的挑戰，開發我的潛力，此外還有其他更複雜因素，一部分是同儕壓力。我認為選擇難讀的科系，多少可以彌補我的壞成績，讓朋友繼續承認我是他們的一份子。但我選讀這個系最主要還是因為我父親是工程師，我不想讀其他科系讓他失望，如今我當然明白，這種選系的心態簡直是瘋了。我高中分數最低的一門課就是化學，而且恨透了這門課。也許是年少輕狂，幾乎每個人在十三歲到十九歲之間，都會感染這種階段性的妄想，自以為無所不能，他們只追求當下的刺激！——「爸，我決定當化學工程師。」——完全沒有考慮遠程的後果，所以想當然爾，我的決定打開了往後五年充滿痛苦的潘朵拉盒子。

我在大學裡掙扎求生，敲打著鍵盤度過無數個夜晚，努力把資訊烙進腦海，不求永久記住，只要通過考試便心滿意足。不可思議的是，專門設計來解決我這種人的「新鮮人淘汰班」竟然沒有發揮作用，大三開始，我的主修科系正式確定後，就被一場重要的化學考試狠狠當掉，嚴重抹煞我截至當時所有的努力。我永遠不會忘記教授把那份藍色封面上，用紅筆圈出一個大大的「六」（滿分一百）的慘不忍睹答案卷扔給我時，臉上厭惡的表情。這次考試被當掉是我人生的轉捩點，不僅使我對記憶更沒信心，我也開始懷疑自己的智力是否足以完成這個學位。

壓力、考試焦慮、睡眠不足、對自然學習法的無知，使我對自己的記憶力評價極低，雖然我很願意繼續相信分數不足以反映我實際的智力，但始終不見起色的成績，讓我很難維持這種自信。雖然學習與上課都苦不堪言，但我從來沒考慮到可以改善記憶力。我不僅在智力上自慚形穢，更不幸的是我也認同一般人的看法，以為記憶力會隨著年齡而退化。我先入為主的觀念就假設好記性是天生的，我聽說過「照相機式的記憶」，卻以為那是一種老天爺的恩賜，偏偏我生下來時他老人家忘了賞我一份。

只要能閱讀字，就能擁有好記憶

你大概也以為自己的記性不好吧？否則幹麻要讀一本改善記憶力的書？但我們先用幾

分鐘來思考幾件事：你知道電話鈴響聲音是怎樣的嗎？你知道洋蔥是什麼味道嗎？你認識另一半的臉孔嗎？

這些你當然都知道，這都是你過去接觸過的事物，你記得一清二楚。如果你的記憶力真的不好，為什麼還能清楚記得這些事，以及其他不計其數的聲音、味道、氣味與畫面？我還要指出一個更了不起的祕密：你能閱讀這本書，就足以證明你記憶力非凡。這本書有很多字，每個字的筆畫都很繁複，字組成句子，句子組成段落，段落組成文章和書。大多數人都可以不假思索、輕鬆閱讀書和雜誌，無須考慮它複雜的組成方式。我們對字和句子的模式有完美的記憶，所以才能閱讀，從中吸收大量資訊。

自從我成為公認的記憶專家以後，就有很多人告訴我，他們雖然記性不好，但有時會突如其來把某件事記得一清二楚。我的好朋友安迪有次午餐吃漢堡時，忽然想起他小學六年級吃過一個類似的漢堡。「就像時光倒流，」他對我說。「我看見那家餐廳的所有細節，菜單、櫃臺，周遭交談的內容，我甚至還記得當時的心情。這真是不可思議的經驗。」

另一位建築師朋友抱怨說，他經常要回頭察看當地建築法規，確保自己的設計圖都符合規定。他以為要查的特定法規登錄在第十八章，卻發現其實是第五章。「老是這樣，」他說：「但是從二〇〇一年到現在，紐約洋基隊每年平均打擊率我都記得一清二楚。」

很奇怪，不是嗎？那麼多東西我們毫不費力就完全記得，但其他資料偏偏就不肯在我們腦子裡生根。我們可以訴諸科學找答案，不過當你發現科學對記憶所知甚少，也許會感到驚訝。集中探討記憶本質的科學研究才剛起步，但近年大量出現阿茲海默症及其他類型失智症的病例，促使這方面的研究基金快速增加，也有更多傑出的科學人才轉而致力研究記憶。二〇〇四年諾貝爾醫學獎得主，是兩位確認大腦透過鼻子可以辨別一萬種不同氣味的研究人員琳達・巴克（Linda Buck）與理查・艾克塞爾（Richard Axel）。他們認為，**大腦脈絡可立刻判斷一種氣味屬於正面或負面經驗**，例如煙味可喚起警訊，成熟草莓的香味則喚起想吃一大塊香濃草莓蛋糕的強烈慾望。

記憶力是練出來的

每當我們學習一種東西，就創造一組經驗的網路，數千個叫做「神經元」（neurons）的大腦細胞會像拼圖遊戲般組成一幅圖畫，那就是經驗，這些碎片組合的模式就是記憶。

我們的大腦由一千億個神經元組成，這種只有頭髮百分之一粗的細胞，各自獨立，是化學成分和電流的製造廠。有趣的是，神經元有一大禁忌：不喜歡被碰觸。所有神經元之間都以寬僅百萬分之一的溝槽隔離，這種溝槽叫做「神經鍵」（synapse）。

典型的神經元有三個主要成分：主幹叫做「軸突」（axon），不斷發出訊息，傳給其他神經元；另一部分是接收來自其他神經元訊息的樹突棘，以及將樹突棘收到的資訊送達細胞體的樹狀突。你可想像神經元長得像春天摘下的蒲公英，空心的花莖是軸突，毛茸茸的種子換成富有彈性、像四面八方伸展的細絲，就是樹狀突，這些細絲尾端散開的部分就是樹突棘。

細胞體傳出的資訊在軸突裡靠電流傳導，電流刺激裝滿一種叫做「神經傳送素」的化學成分小囊，使之溢出，填滿介於神經元與另一神經元樹突棘之間的溝槽，如此不靠直接接觸，只靠化學物質與電流，就接通了兩個細胞之間的聯繫。第二個神經元再把從化學物質收到的資訊轉換成電流，傳導給第三個神經元，以此類推。雖然每個神經元只有一個軸突，卻有上萬個樹狀突和更多的樹突棘。研究顯示，一個神經元可以跟其他上萬個神經元連接，而這上萬個神經元中的每一個，又可以跟另外一萬個神經元連接，如此連接不斷持續，很快就形成極為複雜的資訊高速公路系統，可以儲存大量數據，並隨時立即取用。**人的一生，大腦可以儲藏的資訊數量是全世界所有印刷品總量的五倍，或美國國會圖書館全部藏書量的五萬倍**，我不說你還一直以為網際網路有什麼了不起呢！

當神經元發出的訊號產生的模式與過去的模式類似時，就出現記憶，這種模式叫做「記憶痕跡」（memory trace）。神經科學家常說：「同時發訊的神經元會串連在一起。」所以只要其中一個發出訊號，所有神經元都會發出訊號，再製造產生某個記憶的初步模式。

你可能會好奇，這些發訊與連接的活動不斷持續，學習與記憶會不會增大腦子的體積呢？倫敦計程車司機都擁有高度發展的空間辨識技巧，以便在市區複雜的道路上暢行無阻，針對這些司機做的多次研究顯示，答案是肯定的。大腦邊緣系統有個形狀像海馬的構造叫做「海馬迴」（hippocampus），負責把現行記憶轉換成永久記憶。倫敦計程車司機的海馬迴通常都比對照組受研究的對象大。另一項在德國的實驗顯示，學習雜耍拋球技巧三個月後，大腦負責視覺與運動的灰質部分便會增加。

「來自感官的各種刺激會創造細胞之間的通路：看、聽、觸、嗅、味。這些感官的任一種都能創造記憶，但是當同時涉及兩三種感官時才真正有趣。魏克森林大學（Wake Forest

University）醫學中心的助教授保羅．羅倫提博士（Paul Laurienti）這麼解釋給我聽：

「如果我只看見救火車，但沒有聽見警笛——這畫面會影響我大腦後部一塊五元銅板大小的區域。然後，如果我只聽見救火車的警笛聲，卻沒有看見它，這聲音會影響左耳上方的大腦一塊約十元銅板大小的區域。但如果既看見又聽見救火車，不但上述兩塊區域會有反應，而且兩區都會擴張。」試想，我們得到的不是價值十五元的記憶，而是價值二十元的記憶，這還只是兩種感官的加成效應。羅倫提博士表示，**研究證明，愈多感官牽涉在內，就有愈多大腦區域被觸發，相對增加我們的記憶能力**。日常生活很少只用到一、兩種感官的，所以只要正常過日子，就有很多改善大腦能力的機會。

我這一生最奇妙的經驗之一，就是一邊從事嚴格的記憶力訓練，一邊透過功能性核磁共振造影術（fMRI）觀察我的大腦。我全心全意期待拍出來的影片會顯示，我的大腦在專心做練習活動時會發出熊熊火光，結果卻與預期相反，核磁共振造影術顯示我的大腦只是無所事事。這次造影檢查的經過我留待後面章節再詳加說明，在此我只強調一點結論：**大腦愈是鍛鍊，處理資訊就愈有效率。**科學告訴我們，**超強記憶力不是與生俱來的天賦。任何人都能擁有一流記憶力，只要學會訓練、使用它的方法。**我做得到，你就做得到！

增進記憶，改善人生

你讀這本書顯然有某些動機，你希望對記憶力做些改進，並且相信這麼做會使你在某些方面更好。相信我，只要致力改善記憶力，不但你挑選這本書時希望改善的那些方面會更好，生活的每一個層面也幾乎都會改善。**記憶是不可思議的資源，善加利用它會使每件事都更容易、更快、更好。**

改善記憶力當然有應用的層面，或許最實際的應用，心理學家保羅．愛克曼（Paul Ekman）為執法機關設計一種方式。愛克曼已花了七年分析臉部表情，將之分門別類。以下是他的發現：「兩條臉部肌肉有三百種組合方式，如果加入第三條肌肉，組合總數就超過三千種。我們利用五條肌肉，產生一萬多種臉部配置。」我們通常將臉部配置稱之為「表情」，無法人為操縱，它們詳實顯示一個人內心的活動，以及在特定時刻有什麼感覺。愛克曼在執法機關舉辦的討論會中，教警察辨識哪些臉部表情代表犯罪者可能心懷危險企圖，或者哪些可視為無害，這些技巧無疑救了很多不自知身處險境的警察，同時，這種技巧無疑也救了很多無辜者生命，他們本身雖沒有過失，卻剛好跑到不該去的場所，所幸警察看得出他們不是危險份子。

我希望你不需要靠記憶救命，但隨著記憶力不斷成長，你一定更能享受生命。下面是據我所知，十四種因為記憶力變好而增強的基本技能。**掌握記憶，也就掌握了思考過程，這套改善記憶力的技巧，也能使你工作更有效率、家庭更美滿。**

1. **觀察**（observation）：了解並實踐記憶訓練法，就會敏銳察覺自己如何透過五種感官接收資訊。
2. **洞察力**（perception）：觀察技巧感善後，對周遭環境會更警覺，增加辨識和拼湊線索的能力。
3. **分析**（ayalysis）：我們天生不能記住每一件事。心靈會自動記錄所收到資訊的相關性、重要性和利弊。改善記憶能提升比較、摘錄、關聯、評估與區分的能力。
4. **闡釋**（interpretation）：受過高度訓練的記憶，使你能用更好的方式觀察與理解周遭的世界，不僅改善你自己闡釋所見所聞的能力，也改善你為別人釐清某些事物意義的能力。

5. **解決問題**（problem solving）：本書中的一部分練習，向傳統思維與記憶方式提出挑戰，你可以從中學習如何導正與重建思考程序，找到富有創意、破舊立新的解決方法。

6. **系統化**（systematizing）：你會記住自己從沒想到的大量資訊，也能學習把它儲存在哪些地方。你將學會在思維中協調、組織、開發的程序，使你的效率媲美思想的速度。

7. **管理**（management）：大腦很有效率。開發記憶力教你如何模擬大腦管理資訊、資源、技巧、能力和才華。

8. **決策**（decision-making）：了解記憶保留資訊的方式，就能運用同樣的能力使選擇過程更容易。

9. **教學**（mentoring）：改善記憶可擴大你的知識基礎、培養研究與學習的技巧，幫助你變得更聰明，然後就可以幫助其他人追求人格與職業上的成長。

10. **創新**（innovation）：訓練有素的記憶可以為你設計和發明一些乍看似乎有點奇怪的策略，你會有勇氣「打破窠臼」思考，不囿於傳統。

11. **想像力**（imagination）：更好的記憶力就是更好的想像力加上更強大的形象化，觀念化的能力。

12. **整合**（synthesis）：高度訓練的記憶可以結合觀念、小道消息與其他資訊，讓人生更豐富。

13. **傾聽**（listening）：你學會如何篩選聽到的資訊，藉由更好的思考邏輯，集中注意力，掌握資訊的價值。

14. **演講**（verbal）：你建立組織思維的工具後，公開講話就不需藉助筆記，即使被發問與周邊議題夾攻，也不會偏離焦點。

從現在開始，就讓我們拋棄「好記性永遠是別人的天賦、輪不到你頭上」的成見，好好體會這份「你不知道自己擁有的天賦具有多麼強大」的潛力。

第二章

用寫作幫助記憶

自然記憶決定你是個什麼樣的人，也就是你這一生中，累積到此時此刻為止、所有經驗與知識的總和。記憶是你的身分，也是你與生俱來的一部分。沒有它，你就迷失了。它非常厲害，在你大約兩個拳頭大的空間裡，只要一個意念碰觸，瞬間就可以處理數百萬位元資訊。

記憶像光線，如果沒有焦點，會向四方渙散。但集中焦點的記憶卻像威力強大的雷射光柱，能劈開你無意間在心裡製造的記憶障礙與限制。這種事我最清楚，因為多年以來，我一直用負面的字句損害記憶，像是：「我總是忘記人家的名字」，或全世界的人都最愛說的那句：「你有看見我的車鑰匙嗎？」

集中的記憶不僅打消你的消極態度，還會啟發你的人生，改善你的思考方式，使生命更豐富，而你怎麼思考直接關係到你如何記憶。追求強大、集中記憶的旅程，第一步就從一張紙，或你的電腦螢幕開始。**了解思考與記憶最好的途徑，莫過於定期寫下你的經驗。**

發現你的記憶優勢

史蒂芬．金（Stephen King）是我非常喜愛的一位作家。我喜歡他令人無法釋卷的恐怖故事所蘊含的想像力，也對他豐富的產量感到不可思議。他在《史蒂芬．金談寫作》（*On Writing*）一書中提到，寫作無非就是比較精緻的思考。這句話也一語道破「寫日記」這一個練習的主旨——使思想純淨。我可不是要你一屁股坐下敲好幾個小時電腦，努力把我們每個人心中的偉大小說構想化為文字。我只要你在每天末了，記下當天發生的幾件事。有太多次，我們把事情寫下來，只為了這麼一來就理所當然可以把它忘記。一件事一旦寫下來，我們就覺得擺脫了記憶它的責任（就假設我們會記得紙條放在哪兒吧！）。現在，這種記錄的意義大不相同。這一次，你把事情寫下來是因為你要記住它。別擔心，你不必為了保持記憶而一輩子做這種事，這只是為了幫助你了解，你的自然記憶會記憶哪些事，就當它是體能教練跟新客戶第一次訓練時一起做的基礎練習。教練希望藉此評估客戶的體能狀況，以便量身打造健身計畫，同時把客戶膝蓋受過傷之類的小毛病列入考慮。

寫日記的好處在於它透露出你天生的長處。你可能擅長記憶名字和臉孔，也可能擅長記憶數字。把各式各樣的經驗寫在紙上或電腦螢幕上，就能取得最了解你的記憶專家你自己的知識，然後我們可以一起用你的日記，從四個基本層次辨別與培養記憶。

「寫日記的第一個層次是鍛鍊心靈之眼。過完一天，你坐下來記錄這一天，等於在心中重建這一天。第一次這麼做的時候，一天裡的某些部分可能清晰得驚人，其餘部分則模糊得令自己吃驚，但很快你每天記得的部分會愈來愈多。我們的目標並非記住每一件事，而是希望你一天比一天更意識到自己遇到哪些事，你對這些事又有什麼感想。

第二個層次是釐清你的興趣所在。一天結束時，你的心靈已過濾掉很多資訊。你記錄下來的內容是你有意識或潛意識決定要暫時保留的，因為你覺得它們很有趣、很重要，或兩者皆是。心靈就像淘金的礦工，過濾無限量的水與砂礫，只留下可能有價值的部分。我們一方面用日記保存一天當中最寶貴的部分，一方面也改良、分析過濾的手續。我們願意相信記住的東西對我們很重要，但這未必是事實。你可曾想著：「我得記住這件事，因為它很重要。」然後才過五分鐘就什麼都不記得了？

我一位朋友把這種現象稱做「心靈棉絮」（mental lint）。他覺得不可思議地說：「我記得的都是最無關緊要的東西。卡通片《扁騷超人》（譯

注：The Tick是美國福斯公司製作，一九九四年推出的卡通電視影集，主角是一個打扮成藍色扁蟲的超人，在住有很多奇形怪狀的動物與昆蟲的小鎮上濟弱扶強、伸張正義，也曾推出真人飾演的版本。）影集裡超人全部的台詞，我背得滾瓜爛熟、一字不差。邪惡有很多種形式，但不論是食人牛或史大林，都不能被表象迷惑，因為不論怎麼包裝，邪惡就是壞的，所以你必須用代表善良的報紙捲筒，猛打它的鼻樑，罵道，『壞狗狗』。」「但是，」他繼續道：「人家介紹我跟一個陌生人認識十秒鐘後，我就會忘記他的名字。」

顯然他特別擅長記憶字句：這屬於左腦活動。他記得的東西有幽默的成分。扁蟲超人的名言出自電視卡通。他可能只是聽過，沒看過文字版就把它記住，這表示他有優異的聆聽技巧。本書稍後會探討使這些技巧發揮更大功能、增進記憶力的方法。

第三個層次是幫助你辨識你的記憶哪些部分已具備完善的功能，這包括感官與情緒輸入的訊息，兩者都是記憶非常重要的成分。每天晚上寫日記，讓你知道自己最常用到哪幾種感官與情緒，除了多加利用這些長處，也設法連結你目前用得不多的感官與情緒。

最後，你會對時間擦拭記憶的威力有更多的認識。時間磨蝕記憶並不是什麼祕密。二十世紀初，德國心理學家赫爾曼．艾賓浩斯（Hermann Ebbinghaus）做過一個有名研究，證實強記背誦的資料在二十四到四十八小時內，會忘記七到八成。把這個結論推廣到你的日常經驗。兩天前的事你記得多少？三天呢？四天呢？但用紙筆記錄下來的事，我們會記得。**寫幾天日記，你會驚訝地發現，本來會被時間洪流沖刷掉的大量資訊被你保存下來。**說不定你覺得寫日記的練習很有用，會繼續記一輩子呢。時間對你不利，但你可以訓練自己的大腦，從認清它的狡猾本質開始，逐步應用本書列舉的技巧，降低時間的力量。

問自己記得多少，不問忘記多少

一個簡單的練習可說明寫日記的意義，我們來談談一場舉世同悲的不幸事件：二〇〇一年九月十一日。回憶那一天，盡力回想你當時身在何處，做些什麼事，你得知紐約世貿中心和五角大廈遭受攻擊時有什麼情緒。我要你把記憶所及的細節盡量寫下來。下面是我自己的回憶，做為參考：

二〇〇一年九月十一日，我在北卡羅萊納州唐恩市的一家經銷倉庫，檢查易燃液體儲藏室的防火設備。全國防火協會對儲存在封閉空間裡的危險液體有非常嚴格的規定，檢查各個項目是否符合規定很花時間。上午過了一半，我需要補充咖啡因。我走到休息室，從販賣機倒了一杯黑咖啡。薄薄的紙製咖啡杯在滾燙的液體和我的手指之間，幾乎沒有絕緣作用，所以我必須不時放在占去半個房間的幾張野餐桌上。維修部主管摩爾穿著每次外出都穿著的藍色牛仔夾克，邀我跟他分食一包花生夾心餅乾，但我肚子有點餓，所以猶豫著打算自己也買一包。

就在這時，一個卡車司機衝進來告訴我們，他在收音機上聽說有架飛機撞上紐約的世貿雙子星大樓。我對各種惡作劇司空見慣，所以四下張望，看看別人是否跟我一樣感到困惑與懷疑，但室內只有我們三個人。摩爾顯得很吃驚，這很不尋常，他六十多歲了，什麼大風大浪沒見過，但他顯然相信卡車司機的話。我卻認為卡車司機的描述不完整，仍持懷疑態度。我還記得我只覺得不解，但並不緊張，也不害怕，因為我完全不知道事情有多恐怖，直到一小時後，我們終於在電視上看到無數次噴射客機撞進大樓的重播畫面，才意識到這場悲劇的哀痛與心痛。

我不記得當天的所有細節。例如，我不記得那個上卡車司機的名字，我無法描述他穿的衣服，也不能逐字逐句重複他的話，但能記得這麼多細節已經令我很驚訝，這是我特別要提醒你的注意你記得了多少，而不是你忘記了多少。如果不利用特殊記憶技巧，我猜你對那個可怕日子的印象，恐怕跟我多少有點類似。現在就請你抽幾分鐘把它寫下來，然後我們來分析其中的資訊。

拆解故事，重建記憶

寫完了嗎？重讀一遍你的故事，試看能否增補一些細節。你還記得九一一新聞怎麼說的嗎？你聽說被攻擊的消息後的感想是什麼？你記得什麼特殊的顏色或形狀？環境中有哪些特有的氣味？你手裡是否拿著東西？你穿什麼衣服？你的周遭背景有什麼聲音？

訓練集中的記憶

你完成九一一事件當天的回顧敘述後，我們先來看看你這段回憶包含了哪些感官、情緒和行動。你學會更有效率運用記憶後，就會發現每天在開始的時候並不是一張白紙，事實上更像是一個用摺紙技巧做成的花式信封。這一天的推展，就像是慢慢把摺紙拆開，每一折裡隱藏了許多圖片、感覺、心情與行動。你把信封完全拆開後，只要按照原來的折痕往回折，就可以恢復原來的構造。你的自然記憶也是以相同方式運作。用問卷輔助只不過提供折痕的輪廓，幫助你的自然記憶在一天之中循序漸進，重建這一天或特定事件。

我們的自然記憶是一件很好、很有效的工具，但若能集中記憶的焦點，可以使工具效率大增。集中的記憶也像摺紙信封，不過它不再是所有事件的總和，而是你為了使自己生命更豐富，而選擇記憶的資訊與知識的總和。建構集中記憶的方式跟建構自然記憶的方式相同。

我們可以用很多方式描述集中記憶，但我認為最簡單的說法就是：集中記憶是契合經驗的產物。每一段集中記憶都是用我所謂的**「雙向契合三原則」（Three Reversible Rules of Engagement）**細心建構起來的。

1. 集中記憶與我們的「感官」契合。

2. 集中記憶與我們的「情緒」契合。

3. 集中記憶與我們的「行動」契合。

以我的鋼琴演奏會回憶為例，其中包括數種感官：琴鍵的陌生感、平台鋼琴的形狀、朋友媽媽鼓勵我的聲音，當然還有現場鴉雀無聲的聲音。它也包含幾種情緒，像是恐懼、自覺愚蠢和大禍臨頭的感覺。明確的行動則包括走到鋼琴前面，然後蹣跚下台。這都符合「雙向契合三原則」。

但為什麼說「雙向」？很簡單，因為一段牽涉到感官、情緒、行動的記憶，一旦映入腦海以後，類似的條件就會喚回那段記憶。我置身那個鉛隔離室，關門的聲音和接下來的寂靜，激起了演奏會的記憶。每次我上全國聯播的電視節目，就有表演的壓力，因為我幾乎每次都要接受記憶撲克牌的考驗，有時我覺得好像即將全身動彈不得。碰到這種情況，我就立刻憶起坐在鋼琴前面那一幕。

用紙筆記憶，記錄一天之中的感官、情緒、行動，會加強心靈之眼的能力。你寫下的每件事，都含有這些元素的至少一種。如果你喜歡用字首字母造字的方法輔助記憶，你也

表2-1：元素表

元素	有	無
觸覺		
味覺		
視覺		
聽覺		
嗅覺		
情緒		
行動		

可以把這個原則記成「SEA視覺化」讓心靈之眼透過感官（sense）、情緒（emotion）、行動（action）看見和記錄。

記憶以這種方式拆解開來，可以看到它由無數成分組成，每個成分基本上都是完美的。我們絕對不會把甜和苦、寂靜與喧囂、芬芳與腐臭、憤怒與快樂混為一談。我們辨別幾千種香味、口味、臭味、質感、心情、動作的驚人能力。

「應用雙向契合三原則有個很容易的方法，就是列一張圖表（如上），我稱之為「元素表」。我們要做的就是從上到下，在適用的空格裡打勾。以你的九一一故事為例，你有像我一樣被咖啡燙到手指那樣的觸覺印象嗎？如果有，在觸覺欄上方標示「有」的那格打個勾。如果你記得當時手中抱著你的貓，憶起牠毛茸茸的柔軟觸感，就在觸覺欄再加一個勾。如果你第一次得知攻擊消息時正在看電視新聞，想必一定會在視覺欄與聽覺欄都打勾。如果你是從收音機聽到這消息，你可能會在視覺欄勾「無」，但是在聽覺欄勾「有」。

為了避免視覺欄出現太多個勾，只有你印象特別深刻的形狀與顏色才算數。在情緒這一欄，只有你確實能分辨的情緒才能打勾。我的回溯包括至少四種情緒：困惑、懷疑、哀傷、心痛。所以我會在情緒欄的「有」打四個勾。行動欄也如法炮製。你有沒有打電話告訴你太太這個消息？朋友給你通報攻擊事件後，你是否立刻打開電視？每種動作都要在行動欄打一個勾。

關鍵詞回想法

這是最後一個與日記有關的練習：建立關鍵詞。回頭看你九一一回憶的紀錄，然後畫一個如上面所附「關鍵詞表」類似的表格（表2-2），把敘述中牽涉到的每種事件與經驗，分別濃縮成一個詞，然後把這個「關鍵詞」填在左邊空格裡。右邊的空格暫時留白；那是為

表 2-2：關鍵詞表

關鍵詞	增補元素
雙子星大樓	
土耳其玉	

表 2-3：關鍵詞表

關鍵詞	增補元素
雙子星大樓	
土耳其玉	安娜

了萬一明天你有需要而保留的。毫無疑問，九一一事件的基本定義就是世貿雙子星大樓被炸毀，所以我替你在第一行寫雙子星大樓。這是第一個關鍵詞。但我們假設那天你在商店遇見安娜，聊到這件可怕的事。你剛好注意到她戴了一條土耳其玉項鍊，你們兩人還約好過幾天共進午餐。我把遇見安娜這整件事濃縮成土耳其玉一詞。所以這份九一一事件記錄的關鍵詞就如表 2-3。

明天早晨，我要你重看一遍關鍵詞表，看這些詞能否激發明確的回憶。雙子星大樓不必多想；就是世貿中心高樓倒塌以及相關的一連串恐怖事件。但也許土耳其玉不能讓你立刻憶起在商店遇見戴土耳其玉項鍊的安娜。如果你大腦一片空白，就回頭看你的九一一紀錄，找出土耳其玉的意義，原來與遇見安娜有關，所以你在增補元素欄寫上「安娜」。現在你的關鍵詞表變成表三。

這是個令人著迷的訓練，因為它訓練你的大腦用最起碼的資源達到記憶的目的。這也是回憶資訊極有效的方法，因為**只看到一個重要的字就能喚起許多回憶。你的大腦在短得出人意外的時間裡，就學會只用一個字或一個畫面捕捉經驗的精髓。**

這個練習的一大目標是鑑定你自然記憶的強項。例如，光知道你視覺發達還不夠。那太空泛。你想知道的是，你的視覺最擅長記憶那方面的資料。你善於記憶色彩的深淺層次——藏青、水藍、土耳其藍或藍就是藍？你善於辨識不同的臉部表情？你善於記憶環境，如果答案是肯定，你記得環境中哪些特定物品？鑑定這些元素的一個主要原因是，只要記住特定的人、事、環境，周邊的相關記憶就會不斷自動湧現。例如，「土耳其玉」使你憶起在商店遇見朋友安娜時她佩帶的項鍊。這個回憶又提醒你，你曾答應打電話約她共進午餐。這好像攝影機，從特寫鏡頭開始，然後慢慢拉開，把周邊細節攝入鏡頭。

還有一個原因就是，你可以靠它加深你對要記憶事物的印象。例如，假定你遇見一個也叫安娜的人，但她長得跟你原來認識的安娜一點也不像，你可能注意到她穿著一件土耳其其藍的上衣或外套。這顏色使你想起你朋友安娜的土耳其玉項鍊。如此你就發揮你對色彩的天生敏銳，把新名字跟你已經知道的人或物連結在一起了。

開始寫日記

今天就下決心寫日記吧！愈早開始，就愈快建立完美的記憶。接下來一星期左右，我要你把日記分成三個部分。第一部分先當然是你對一天事件的敘述。你不需要把遇到的每件事都寫下來例如綁鞋帶的時候鞋帶斷了——只記有點意義的事。不過我要提醒你，如果你記得鞋帶斷了這樣的事，先別馬上斷定它不重要。你之所以還記得它，可能有個你暫時還不清楚的理由。重要的是，這個練習應該既好玩又有趣。一旦不再覺得好玩、有趣，就表示寫夠了！

為了幫助你上手，我設計了一份涵蓋很多方面的發想問卷。你不需要回答每個問題，那只會使寫日記變成累人的工作，只要挑幾個你感興趣的問題，它們會幫助你了解，一天之中你能記憶的事有多少。

觀察

1. 我看見什麼？
2. 我聽見什麼？
3. 什麼吸引我注意？
4. 它為什麼有趣？
5. 它發生在什麼時刻？

事件

1. 我今天做了什麼事？
2. 這件事跟過去或未來有什麼關係？
3. 我做成了有什麼收穫？
4. 我要從失敗中學會什麼？
5. 我跟人家在電話上談些什麼？我們講清楚哪些話，哪些話欲言又止，哪些話純憑感覺知道？

6. 我今天吃了什麼，喝了什麼？我最喜歡什麼，最不喜歡什麼？

人物

1. 我看見誰？
2. 他們穿什麼衣服？
3. 什麼顏色，什麼款式？
4. 我跟他們聊些什麼？聊了多久？
5. 我從中學到什麼？關於我自己？是新知識嗎？是重複的嗎？
6. 我有什麼感想？正面、負面或其他？這種感想的來源是什麼？
7. 這次互動的主要內容是什麼？對我有什麼影響？
8. 我新認識什麼人？他們叫什麼名字？比我大、比我年輕、跟我同年？

結構

1. 我記憶這一天事件的秩序是怎樣的？

2. 我的記憶從最後一件事、中間的事或第一件事開始？
3. 三者混合在一起嗎？

時間

1. 我今天時間都花在什麼方面？
2. 是否大部分時間都用於尋寶——達成目標、慶祝成功、創造價值？
3. 是否大部分時間花在無謂的小事或活動上？
4. 我今天效率好不好？我覺得罪惡感或快樂？或兩者皆有？
5. 我有沒有試圖壓抑或遺忘某些不愉快的時刻？

環境

1. 我記得今天見過的臉孔嗎？
2. 環境是什麼樣子？
3. 我記得特殊的聲音嗎？談話的口吻？音樂？

4. 我記得多少細節？我能看到領帶或西裝上的條紋？
5. 我的記憶主要是通盤印象、片段印象、或大致的感覺？
6. 把程度分為一到五級，我承受的壓力是幾級？
7. 壓力的來源是什麼？
8. 睡眠幾小時？

用關鍵詞拼湊完整記憶

發想問卷上的題目有特定問題，也有一般性問題，總數可能太多，但這份問卷一部分的作用是訓練大腦做不一樣的體操。一九六〇年代後期，羅傑·史沛利（Roger Sperry）博士贏得諾貝爾獎，因為他研究發現大腦分為兩部分，分別掌管不同類型的技巧。右腦提供三度空間的空間意識，使我們可以在腦海裡把物體旋轉。它也輔佐辨識臉孔、視覺影像、音樂、想像力、色彩，以及看到「完整畫面」的能力。藝術家、音樂家和其他從事創作的人傾向以右腦為主。

「左腦對紀律的要求很高，它管理邏輯、語言、數學、分析能力、序列、模式、細節。工程師、科學家及技術人員都承認自己是左腦導向。純粹回顧你一天當中做過的事，是很好的右腦活動。你想像中出現你見過的人、一整天的概況，你重建各種經驗，但把它寫成文字卻是左腦的活動，因為你用字句分析你看到的東西，辨識一天的結構，記錄你蒐集的量化知識。在一天結束的時候把經驗寫出來，會用到很多種與創造和回溯記憶有關的大腦技巧，這是很好的鍛鍊。記住，你不需要回答每一個問題，只要選幾個你感興趣的就好。

完成敘述部分後，做一個我稍早在本章示範過的元素表。雖然這個表能幫助你記錄你的記憶方式，但它最主要的功能還是使你了解，你記憶的時候用到哪些元素。元素表應該只花幾分鐘就可以做好。

最後，再看一遍你的敘述，把主要事件濃縮成幾個關鍵詞，填入關鍵詞表。明天早晨，你可以邊喝咖啡，邊看著關鍵詞，回想上一篇記錄的內容。我估計一個星期左右，你會發現只用幾個字就能記錄多少資訊，一定會大吃一驚，你的追溯技巧也會精進。你用一天之中的片段重建生活經驗，這在你試圖想起站在面前的人叫什麼名字時，會有莫大的幫助。你可能記得跟這個人有關的片段……例如，他在哪兒工作、他的名字有幾個音節等……但實際的名字必須花一段時間才想得起來。多做幾次這個練習，你的記憶片段就會鮮活起來。

我希望你把這三種練習：寫日記、做元素表和關鍵詞表——持續多做幾星期，因為它們是我們學習建構「羅馬房間記憶法」（詳見第六章）的基礎，那是本書最有用的一課。我深具信心，只要寫完第一週的日記，你就會發現自己擁有重建事件與對話的驚人能力。一旦了解這個簡單的工具對改善記憶有多大幫助，我相信你會很樂意繼續，也許不見得每天都寫，但是會以相當密集的頻率使記憶常保鋒利。

第三章

解讀來自感官的訊息

很多人對任何事都持懷疑態度；很多事情除非親自一試，否則不信。以搭飛機為例，知識上我們知道飛機能飛，也看過、聽過它們飛越頭頂，但視覺與聽覺只是感官中的兩種，你可能也是一個需要更多經驗的人，只有當你坐在椅子上繫好安全帶，引擎開始轉動，飛機隆隆上了跑道，機身震動，疾馳加速，然後體驗到離地升空、飛入空中的感覺時，你才完全相信這玩意兒能飛。你幾乎用每一種感官體驗飛行，記憶也是如此，用所有的感官集中與開拓記憶，把你帶到難以置信的心靈高度。只要寫上幾天日記，就會開始體驗與生俱來的記憶能力。本章要更深入探討如何運用感官，為創造記憶注入生命力。

發光與成長

還記得魏克森林大學醫學中心的羅倫提博士，稍早曾經告訴過我們，看見或聽見救火車會發生什麼狀況，以及這跟同時看見又聽見救火車有什麼不同。視覺與聽覺同時使用，大腦的反應會比只有一種感官活躍時強烈得多。研究顯示，**啟動愈多感官，啟動大腦的部分也愈多，這會提高我們自然的記憶能力。**你現在寫記憶日記就會知道，如果一天之內用不到兩種以上的感官，這一天一定過得很乏味。所有感官全面投入，記憶與處理資訊的能力就會明顯增加，因此我們對某些事件記得特別清晰，好比在海濱度過特別晴朗的一天、第一次約會、親人的婚禮、或是很不幸的，親人的喪禮。這都是牽動我們所有感官與情緒的事件，我把這種現象稱做「發光與成長」。**腦子裡發光的元素愈多，記憶的成長就愈大。寫日記不僅是訴諸特定的記憶技巧，其實就是在發光與成長。**

創造心靈圖像

前一章我們討論過，在一天之末將重要事項寫成紀錄的一大理由，就是這有助訓練心靈的眼睛。清單上的問題與關鍵字，或許先喚起一幅心靈畫面，然後你可以增補更多細節。我把心中浮現的圖畫稱作「心靈圖像」（mental icon）——圖像是電腦螢幕上那個意味著強大軟體程式存在的小東西，心靈圖像在腦子裡的地位跟它相當——在我們改善記憶時，會用到愈來愈多的心靈圖像。這個練習可以證明給你看，如何從頭建立圖像，而不是拿心中現成的隨便什麼印象，拼湊成一幅畫面。

先從一張簡單的清單開始，從單子上的元素創造圖像。例如我發現要進一步了解一個人，可以問他以下五個基本的問題：

1. 你有沒有小孩？
2. 你住在哪裡？
3. 你從事什麼工作？
4. 你喜歡到哪裡旅行？
5. 你最喜歡的運動或興趣是什麼？

這五個問題是認識一個人非常有效的工具，所以很值得記下來。我們不必盯著問題，一遍又一遍唸，試圖把它們刻在腦海裡，可以換個方法，用建立心靈圖像來代表這五個問題。前兩個問題「你有沒有小孩？」和「你住在哪裡？」可用我們的心靈之眼畫成兩個小小孩進入森林裡的木屋。第三個問題「你從事什麼樣的工作」可以畫一副皮製工作手套，充當小木屋的煙囪。我們甚至也可能看到煙從手套的指尖冒出來。「你喜歡到哪裡旅行？」

可以用手套托著的飛機代表。最後一個問題「你最喜歡的運動或興趣是什麼？」的象徵，可在機身上通常漆航空公司名稱的位置，畫一個網球拍。

毫無疑問，你根據我剛描述的意象創造的心靈畫面，包含的細節可能跟我心裡想的不同，但最重要的元素，也就是使我們記住五個問題的主要意象：小孩、木屋、工作手套、飛機與網球拍，一定是所有心靈畫面都具備的。這五種元素每一種代表一個基本問題，但它們的意象又揉合在一起，組成你心中的畫面。

個別元素組成完整畫面，所以只要一張圖畫就能代表所有我們要記憶的東西，這是「綜效」（synergy）的絕佳實例，大腦的工作因此更有效率。**大腦把個別元素揉合在一起，創造一個圖像，用一件東西象徵大量的資訊與知識。**

圖像完成以後，必須深深銘刻在心，使它經得起時間的擦拭。要做到這一點，你需要動員更多種感官。你要這個圖像發光和成長，所以就為畫面添一些感覺上的細節，像是聽見孩子跑向木屋的笑聲，然後到木屋裡面，摸摸粗糙的木頭。你也可以為工作手套的意象添加皮革和煙的氣味等感官細節。噴射機的引擎當然會發出「轟轟」巨響，還有燃料燃燒的氣味。最後，你可以感覺到、聽到球拍擊中網球發出「砰」的一聲。

現在五個問題的清單已經變成內容更豐富且持久的東西：藉由你添加的感官元素，變成一場活的經驗。

照相機般的記憶

創造心靈圖像幫助我們記憶五個基本問題，說明了記憶的基本特性：你的記憶就像照相機一樣完美。你的心靈眼睛毫無困難就可以看見圖像上的五個重要元素：小孩、木屋、手套、飛機和網球拍。事實上，研究顯示，我們絕不會失去辨識或記憶看過東西的能力，除非罹患阿茲海默症或其他類型的失智症，而且即使那樣，我們的長期記憶也還有部分仍然完整。

好吧，你可以懷疑我剛才的話，你可以舉出很多你自己忘東忘西的例子。好比你上星期在派對上遇見的人的姓名、你該回的好幾封電子郵件，甚至結婚紀念日的日期。沒關係。如果我們真能記住看過、做過的每件事，記憶力就跟照相機一樣完美，那一定很可怕。

怎麼，這本書不就是要談開發像照相機一樣的記憶力嗎？沒錯，本書在封面上就承諾要揭開非凡記憶力之謎。但照相機一樣的記憶力與開發強大記憶力之間，有很大而且很重要的差異，這差異就是選擇的力量。

「以先進的數位相機為例，這是真正的科技奇蹟，按一個鍵就能捕捉極美或極不堪的景象，絲毫不遺漏最微小的細節，但儘管它很神奇，卻是個沒有腦筋的奇蹟，照相機只能以同樣的精確細膩記錄國王的珍寶箱或一大袋垃圾，不能區別值得記錄或不值一提的記錄。如果真的擁有照相機般的記憶，把你看過、聽過、經驗過的一切，都像照相機鏡頭般鉅細靡遺記錄下來，豈不是很可怕？雖然本書大部分都以改善與增進記憶力為主，但**其實「忘記」也是一種福氣，因為我們一生中有很多不想也不需要記得的東西。**

讓感官產生意義

下次參加派對時，注意觀察當一個人被引介給別人時的眼神，你很可能會看見他們的眼睛上下掃動，好像在幫對方量身高似的。這是大腦思考與記憶方式很好的實例。

試試看這個練習。坐在一個房間裡，想想你眼睛看到的東西。你會注意眼睛的焦點從一個點跳躍到另一個點。同時，你會發現眼睛看到為數驚人的細節。房間有深度、顏色、形狀，還包含了很多物品，每件物品都有特徵。我們的心靈通常會有很多幅周遭環境的詳盡畫面，這也許是與生俱來的原始本能，因為早在尼安德塔人時代，周遭環境的性質就是求生最根本的關鍵。

美國公共電視台播出美國知名紀錄片製作人肯恩．柏恩斯（Ken Burns）的紀錄片令人難忘，因為他不斷用攝影機做一些事。雖然他也使用老照片、圖畫、歷史繪畫，但不把焦點放在圖片本身，而是移動攝影機，把鏡頭搖近拉遠，橫掃整個畫面，像是替代的眼睛。這麼做的目的是幫助觀眾重建久遠前的歷史環境。這種方式很有吸引力，的確會讓人產生臨場感，親眼看到一望無際的美國野牛，或參與卡士達將軍的最後一戰。歷史不是我喜歡的科目，除非由肯恩擔任老師。

心靈用我們看過的東西、到過的地方構成畫面，創造與記憶環境的能力，對於理解我們如何組織想要記憶的資訊非常重要。更棒的是這麼做很容易，因為你雖然未必察覺，但我們已經在用畫面思考。我問：「你今天早餐吃什麼？」你的眼睛看到什麼？你眼前可能立刻浮現一碗早餐穀片、一個貝果或一盤炒蛋。仔細想想——通常我們都不這麼做——你剛才想到的畫面還包含大量驚人的顏色和質感細節。油光閃閃的黃色炒蛋放在白色盤子上，盤子放在棕色的木桌上，地面是藍色的磁磚，周圍還有貼上印花壁紙的牆壁和米白色的天花板。記憶的視覺本質自動把盤子、碗、桌子的形狀，甚至獨特的壁紙圖案都包括在內。還要注意所有物品都跟環境銜接在一起。炒蛋不會單獨漂浮在虛空裡，而是蛋在盤裡、盤在桌上，以此類推。這就是「銜接」（connectivity）。**心靈之眼看到的畫面就反映大腦的思考方式。一件物品銜接另一件物品再銜接其他物品，永無止境，心靈不斷在創造畫面。**

發展圖畫記憶

培養完美記憶的祕訣，就是利用你已經擁有的一種完美的能力。我們用畫面思考，畫面是完美的。我們記憶的是用幾百個甚至幾千個分門別類為感官、情緒、行動的完美元素建構的經驗。還記得「SEA視覺化」嗎？就是我提出的「雙向契合三原則」的記憶密碼：**記憶連接感官（senses）、情緒（emotion）與行動（action）。當我們把字句轉換成畫面與經驗，就打開了記憶的無限潛力。**

我們用另一份記憶清單來練習連接法則。華理克（Rick Warren）在暢銷書《人生標竿》（*The Purpose Driven Life*）裡談到，一般人生活中五種最常見的驅動力：罪惡感、憤怒、恐懼、拜金主義與認可。我們可以強記這份清單，也可以用「雙向契合三原則」創造連接的經驗，當然最好是利用你自己的經驗，不過且讓我示範練習的方式。

我把「恐懼」等同於我參加過絕無僅有的一次高爾夫球賽。當時我大約二十七、八歲，比賽比的也不過是發球距離而已，問題是來到賽場的競賽者和觀眾都遠比我想得多。我一直不了解大量人潮對職業高爾夫選手的壓力，直到我聽見有人叫我的名字。我好緊張，腿抖個不停。高爾夫球要打得遠，需要絕佳的平衡與力量。擊球看起來之所以不費力，是時機拿捏完美、力量集中的結果。很顯然，有旁觀者的時候，就連我的音樂回憶也發揮不了作用，因為我渾身都在打顫。這實在沒道理，但我就是停不下來。觀眾保持客氣的沈默，我最擔心的就是打不到球，因為球棍也在抖。我勉強把球打出去，球直上高空，如果有陣風迎面吹來，我確信球一定會落到後面去，所以我把恐懼等同於發抖。

「罪惡感」很容易。我就想像著我若偷偷溜出門參加高爾夫球賽時，鄰居家剪草機的隆隆聲。

想像那局充滿罪惡感的高爾夫球賽計分牌上我的得分，「憤怒」的畫面就出現了。我打了很鱉腳的一〇六球，兩顆球怎麼也找不到，還扔掉一根在水坑裡不管用的新球桿，這可稱得上「憤怒」吧？

我一直認為高級汽車，尤其是賓士的瑪賽迪斯系列可以代表「拜金主義」，所以我想像自己開那款車去高爾夫球場。

最後，「認可」是我太太得知我在出發打高爾夫前，先把工作清單上的三件事都確實做好時，臉上的笑容。

現在我必須把這些心裡經驗凝聚成完整的觀念。對我而言是這樣的：

恐懼——發抖

罪惡感——剪草機

憤怒——計分牌

拜金主義——瑪賽迪斯

認可——笑容

最後我創造了一個圖畫故事：我開著瑪賽迪斯剪草機時看見太太的微笑。我剪碎計分牌，剪草機碾過計分牌，將它撕裂時，不斷抖動。

建立圖片記憶不僅是創造一連串視覺意象而已，因為我們的記憶不會只是二度空間的圖畫，而是包括賦予記憶深度、趣味與意義的情緒與行動，具有多重層次的經驗。

行動是記憶很重要的成分。想像在一間會議室或教室裡，所有目光都集中在主辦者身上，忽然有人遲到，從後面往前擠找尋空位。室內所有的腦袋當然會轉過去囉！在那彷彿不重要的一刻，遲到者的動作吸引了我們的注意。這是下意識的反應，因為我們的眼睛習慣於注意動作。如果身體的眼睛習慣注意動作，心靈的眼睛也是一樣。但是我們聽到「在心裡看到」這種說法，往往只看到靜態的畫面，其中未必有動作。

回頭看華理克列出的生活動機清單，專心看「認可」一詞，我立刻想到我父親。或許他的形象跳出來是因為父母親的照顧是孩子的基本需求，但因為父親在我人生中也代表很多其他事物，所以應該把他的聯想限制在「認可」的範疇裡。我從經驗知道，父親覺得滿意的時候總是以他獨特的方式點點頭。

我們對話的時候會下意識地透過言語之外的線索，感覺到對方投入的程度。身體語言、小動作、臉部表情都正確地告訴我們對方的感覺與想法。如果我們要說服別人，卻看到憤怒、厭煩等負面線索，便會立刻辨認出這些情緒，並改變策略。

成功的撲克牌玩家都是觀察所謂「蛛絲馬跡」的高手。電影《超級王牌》（*Maverick*）中，茱蒂佛斯特飾演的角色被逐出撲克大賽，因為她每次拿到一手好牌，就會憋住呼吸、玩頭髮，或用手指頭敲牙齒。

手勢是一種很有效的溝通方法，不僅可傳達內容，也能把很多觀念凝聚在一個動作裡。我太太珍是幼稚園老師，有幾年，她班上可能多達二十五個五歲小孩。教會這些孩子「是」、「不是」、「好」、「對不起」、「快樂」、「安靜」、「坐下」等基本手勢，她就可以用一個動作對教室另一頭的某個小孩示意，同時也繼續照顧圍在她身邊的孩子。專注的記憶靠我們應用「雙向契合三原則」，把字句或觀念轉換成圖畫與經驗。下一章要教你如何揉合聯想、創造興趣，擴充記憶力。

找到照相式記憶

有沒有照相機式的記憶存在？康拉第傑出學者，也是佛羅里達州立大學心理學教授的安德斯·艾瑞克森（Anders Ericsson）博士，花了二十多年研究擁有與照相機幾乎一樣的超凡記憶力的人，找尋這問題的解答。

從二〇〇一年五月他接受探索頻道的訪談中，答案可能已露出曙光。那段報導介紹他的一位研究對象被稱做瑞堅的年輕研究生，對數字有不尋常的記憶力。瑞堅可以背π的值到小數點以後七千位，只要研究大約一分鐘，就能完全無誤記住隨機排列的五十位數字。為了證明他確實擁有這麼不尋常的記憶力，艾瑞克森博士在黑板上寫了如下這串隨機選取的數字：

1 2 3 7 0
1 4 1 5 9
2 7 3 9 4

1 3 2 5 8
0 2 9 4 7

瑞堅觀察一分半鐘後，閉上眼睛，很快背出每個數字，他也應要求把數字倒背一遍。瑞堅看起來就像一台高解析度掃描器，用心靈之眼複製出這排數字的完美影像，他背誦時就像在看自己心裡的螢光幕一樣。顯而易見的結論就是：瑞堅擁有照相機式的記憶。

果真如此嗎？

艾瑞克森博士接著要求瑞堅背出以上數列對角線上的數字，也就是下面以黑體字印刷的數字：

1 2 3 7 0
1 **4** 1 5 9
2 7 **3** 9 4
1 3 2 **5** 8

瑞堅停頓了很久，表情有些掙扎，他開始背的時候，聲音斷斷續續帶點遲疑，雖然他按照要求依序背出正確的數字，但卻花了一分鐘才完成這件對於真正擁有照相機般記憶的人，應該輕而易舉的工作。他背誦數字時受到的干擾，是他沒有照相機式記憶的重要證據。

「艾瑞克森博士解釋說，瑞堅的超強記憶力是靠一個他自行設計，而且已使用了一輩子的系統——一套把故事、個人經歷跟一連串數字聯想在一起的複雜組合。例如，前四個數字不知怎麼是跟他的鬧鐘有關。接下來三個數字跟他搭乘來上節目的計程車有關。他把最近的日常生活事件，跟黑板上的隨機數字聯想在一起。

艾瑞克森博士的結論：**沒有人擁有照相機式的記憶。**這對我們所有人都是一大鼓舞，這代表**傑出的記憶表現可以學以致用，而且人人都可以學習這樣的能力。**

第四章

聯想與興趣

還記得我告訴過你，我設法用相同的字首字母造句，記憶生物分類方法與太陽系行星的排列次序，卻出了個大紕漏嗎？我用「菲力普國王來吃上好義大利麵」（King Philip Came over for Good Spagheti.）記住生物分類由大而小的次序（界Kingdom、門Phylumn、綱Class、目order、科Family、屬Genus、種Species）。又用「我高等教育的母親剛才給我們吃九個披薩」（My Very Educated Mother Just Served Us Nine Pizzas.）這句話記住水星（Mercury）、金星（Venus）、地球（Earth）、火星（Mars）、木星（Jupiter）、土星（Saturn）、天王星（Uranus）、海王星（Neptune）、冥王星（Pluto）的排列次序。然而臨到考試的時候，我卻想不起母親給我們吃的是披薩還是義大利麵。

對這種伎倆很低能的人，可不只我一個。我有個朋友最近抱怨，所有號稱能改善記憶力的文章，都利用「聯想」法提升記憶技巧。「問題是這些文章介紹的聯想方式都太瘋狂，我覺得毫無意義，」他說：「有篇文章先要我看一張臉，說這人是法萊爾太太（譯注：法萊爾是Friar的譯音，意思是「修道士」）。作者要我想像有個身穿褐色長袍的中世紀僧侶坐在她頭上。但翻到下一頁，我再看到同樣一張臉，只想得起『和尚』（monk）這個字，所以我回答說她是芒克太太。」

談到改善記憶力，我對「聯想」一詞總有點小小的反感，它讓人以為通往大智慧之路，是用怪里怪氣的記憶花招鋪設而成。多年前，我在強尼・卡遜劇場（Carson）看到已成為傳奇人物的記憶大師哈利・羅瑞恩（Harry Lorayne），他能記住現場每一位觀眾的姓名，真了不起。問他怎麼辦到時，他說他賦予每個名字一種怪異的聯想，例如，他指著伯德（Bird，意思是「鳥」）夫婦說，記憶他們名字的方式是，想像他們頭上頂著裝一對金絲雀的籠子，顯然這個辦法對他很管用，但我不感興趣，難度太高，太多額外的資訊要記憶。金絲雀、籠子，以及其他古怪的意象都會加重我短期記憶的負擔，跟名字糾葛不清，更何況這需要創意和想像力，兩者我都不具備。

我從癌症康復期間讀了很多書，還記得羅伯特・傅倫（Robert Fulghum）的《但願是我寫的文章》（*Words I Wish I Wrote*）中引用的一句話，在章名為「朋友」的章節裡，他收集了弗萊澤爵士（Sir James G. Frazer）這番話：「一度彼此連接的事物分崩離析，但儘管實質的接觸被切斷，它們仍在一段距離之外互相影響。」

我明白這段話與朋友的關係。這些年來，我有童年時期的朋友救我脫離困境，也有青少年時期的朋友把我拖入困境。我記得在學校與職場的導師，雖然二、三十年沒見，但他們的建議、引導、忠告仍影響著我。

這句話蘊含的意義似乎還不止於此，我無法忘懷這些字句，像一首縈繞腦海的歌。我在心裡再三玩味，直到幾天後，把這觀念修訂為我所謂的「聯想定律」。我想，如果這原則適用於影響力，為什麼我們要把這種影響力侷限於人際關係呢？兩種觀念難道就不會自然而然聯想在一起嗎？換言之，有可能把任何兩種觀念、圖畫、物體連接起來嗎？我可不可以利用自然環境裡看得到的物品給我提示，記住我想記憶的東西呢？

聯想定律：不要花招的思考方式

我太太珍娜每次洗衣服的時候，都會把洗衣間的燈打開，這樣她就不會忘記有衣服在洗，否則衣服丟著太久會酸臭。珍娜用的是實質提示，我要用我的心靈和想像力創造類似的提示。假設我要記住七個小矮人的名字好了，我是否可以想像他們在我家裡，如果他們來到我家，會做什麼事？我可以看見壞脾氣（Grumpy）在倒咖啡，噴嚏王（Sneezy）拿了櫥櫃裡的胡椒粉在嗅聞，老學究（Doc）在藥箱裡東翻西撿，害羞鬼（Bashful）躲在衣櫃裡，傻瓜蛋（Dopey）一腳踩在擦地板的水桶裡，瞌睡仙（Sleepy）躺在沙發上，開心果（Happy）正在啜飲一杯葡萄酒。利用「SEA視覺化」的方法，我心中的景象與經驗就跟真的有朋友來訪，做出同樣行為一樣真實，我只需要把經過情形記住就可以了。

好幾年前，丹尼斯．魏理（Denis Waitley）推出極受歡迎的文字書和有聲書《成功者的十大行動指南》（*The Psychology of Winning*），討論洗腦的技巧，他相信心靈無法區分「真實」與「逼真的想像」。為了證明這一點，他引用越戰時期被俘的一個美國士兵為例，他被囚期間，在心裡想像自己每天打一局高爾夫球，等他終於獲釋回美國時，第一局高爾夫球就打到標準桿。他怎麼可能做得到？很簡單，他說他那些年間，從未在想像中打錯過一桿。

所以現在每當我在廚房裡看到一壺咖啡正在煮，就會想起小矮人壞脾氣，雖然他並不在場，但是他跟咖啡壺的實質接觸繼續發生作用，使我想起這個倒咖啡的人。如果使用這種方法，連七個小矮人這麼無聊的事都記得住，那麼隨便兩件東西豈不是都可以聯想在一起嗎？

答案當然是肯定的。

聯想定律的力量使你能用現實環境裡的事物，銜接記憶與實物，在提示裡再創造提示。你與生俱來就有能力把很多東西跟周圍環境結合。我們唯一的女兒克莉絲汀離家上大學時，頭幾星期非常難熬，因為到處都有使我們想到她的物品。看到她乾淨的房間和鋪好的床，真令人心碎，因為我知道她已經不在家中。以前她在樓上臥房裡聽音樂時，舞步的回音總震盪著樓下的天花板，現在聽不見了，冰箱裡的牛奶壺也一直是滿的。

聯想定律的力量之所以強大，因為我們天天都在用它。學會集中這股自然的力量，能增加知識，改善學習能力，變得更聰明，我們會因此記得更多事物、做更好的決定、提出更好的問題。

我跟《大腦行銷》（*Brain Sell*）一書兩位作者之一的理查．伊色雷（Richard Israel）做電台訪問時，他對這定律提供了一個絕佳的例子。

理查說：「史考特，我給你兩個截然不同的字眼，看看你能否用一個意象或觀念把它們銜接起來。這兩個字就是大象和香蕉。」

這是兩個對立的意象——體型碩大的灰色哺乳類，和相對而言體積很小的黃色水果。然而我在心裡卻看見大象用鼻子捲住一串香蕉，將它從樹上摘下來……儘管就我所知，大象是不吃香蕉的。

這幅畫面結合了兩個意象，是立即而自發式的聯想。令我意外的是，我大腦管理邏輯的部分卻加強了這個意象，並沒有因為不確定大象吃香蕉——有點奇怪的想法——而試圖打消它。

有時候，有點不尋常的事反而特別容易記憶，大腦為了克服厭煩，需要不斷的刺激，所以特殊的事會吸引大腦的注意。心理學家把這個現象稱做「雷斯多夫效應」（Von Restorff effect）。舉個例子，你很容易就能從下面這張單子上，挑出與眾不同的物品：椅子、甲板、樹、瓶子、史恩康納萊、籬笆、柱子、青草。

這現象對於記憶一長串普通的人名很有幫助。例如，我見過最生動有趣的名字屬於一位年輕女士，她叫明日．休斯（Tomorrow Hughes），這名字很不尋常，而且富有詩意，所以它與眾不同。

但標新立異只有在周遭事物都很平庸時才奏效，如果周遭所有事物都同樣怪異，「雷斯多夫效應」就不適用了。

二〇〇三年在馬來西亞吉隆坡舉行的世界記憶冠軍賽中，有個競賽項目要求參賽者在十五分鐘內記住九十九個名字和臉孔。我之前在美國的同類比賽中成績很好，因為很多常見的名字鮑伯、莎拉、史提夫、芭芭拉等我都很熟悉，但因為這是一場國際性的競賽，世界各國都派代表參賽，所以賽中提供的人名與臉孔，在我看來幾乎都很陌生而怪異，沒有一個能給我特殊印象，真令我束手無策。

每當你學習與記憶一件事，大腦就會產生使記憶更有效率的生理變化。只要我們專注於心理活動，接受一次又一次的心智挑戰，大腦細胞就會不斷生長擴張，製造無窮的連接與模式。

思想是很真實的，它將大腦細胞重新排列組合，創造模式，使大腦釋出化學成分。聯想不是耍花招；它就是我們思考的方式。

聯想定律的練習與應用

大腦很講邏輯，它利用聯想與既有模式，預測接下來會發生的事。你可嘗試把本書顛倒過來閱讀，注意這麼做會發生什麼事。你的大腦改變從左到右的閱讀習慣，變成從右到左。一開始那幾個字，你可能必須一個字母一個字母逐一閱讀，把字完全拼出來才懂它的意思，但不久大腦展開聯想，只要看幾個字母就能辨認出模式，預測這是什麼字，它後面會出現哪個字。大腦會自動在名詞後面找動詞，於是你發現自己還沒看完一個句子就能預測它要說什麼。（譯注：作者在此談的當然是英文的閱讀習慣，中文讀者也可以做同樣顛倒書本的練習，把由上到下的閱讀習慣，強迫變成由下往上讀。一開始可能覺得認字很吃力，但不久適應模式後，閱讀就會流暢得多。大腦也會主動聯想，看到一個字就能預測它構成什麼詞語、看到一個名詞就會自行找尋動詞，在你讀完整句前就能預測句子的意義。）

這一個特殊的練習好處很多，第一，當你的大腦弄清楚狀況後，你集中注意的能力會大幅改進。第二，你會很驚訝自己竟然能夠理解乍看毫無意義的事物。第三，你的記憶技巧會進步，因為你必須花較長的時間讀完一個句子，所以被迫把資訊留存在腦海裡較長的時間。

「從這項練習可證明，**聯想是一種與生俱來的能力，它就像呼吸或心跳，是一種不自主的反應**，也如同鍛鍊體格能改善心跳頻率，我們可以藉由鍛鍊心智來增加聯想效率。重要的是把這種能力調節得更精確，因為唯有強化記憶的結構力，才能將它天生完美的本質發揮出來。

練習一：造句

重複理查要我做的練習，隨手翻開一本書，挑出兩個字，不要把自己侷限於名詞或動詞，加進幾個介係詞、形容詞、連接詞，使練習更有趣味，然後造一個句子。比方說，我選的兩個字是「合理」（logical）和「插入」（embedded）。我造的句子是：聯想很合理地穿插在我們的思考方式之中。

試做這個練習幾次，把任何兩個字聯想在一起的能力，會連自己都嘆為觀止。

練習二：創造畫面

接下來，看看你用挑選出來的那兩個字造的句子，然後用這兩個字，在你心中為每個字創造一幅畫面。這件任務視你選的字而定，可能很容易就做到，但也可能讓你的內心產生抗拒感。抗拒是好事，它幫助我們標示自以為的極限，唯有當我們逾越這界限時，才發現我們其實比自己以為的更好、更強壯、更有能力。記住，**記憶是一種肌肉，沒有阻力，就不可能鍛鍊強健體魄，心智也不會成長。**

做這個練習而宣告放棄的人，比其他練習都多，因為它好像太困難。同樣地，你此階段面臨的痛苦，我也能感同身受。從一九九八年開始，每年在紐約舉行的全國記憶冠軍賽中，最讓我害怕的項目就是背詩比賽。這比賽分配給每位參加者一首從未出版、未押韻的詩，我們必須盡可能一字不漏地記住內容。研讀十五分鐘後，參賽者必須把詩默寫出來，要跟他們看到的一模一樣，一個字都不能錯（拼字要正確），一個標點符號都不能有誤，所有大小寫字母都要與原作符合等等。

這比賽的記憶部分已經夠磨人了，但給分標準更慘無人道，只要有任何一個錯誤，不論是拼字、用字、漏字、標點寫錯、行距留得不正確，都算錯誤。即使對我而言，這也是非常困難的比賽，而且這一項目的得分往往是整個比賽決勝的關鍵。

有一年，我在準備這場嚴酷的考驗時，學到視覺意象非常重要的一課。比方說，練習以畫面呈現時，你可能像我一樣，發現具體字詞的畫面立刻就會出現，但抽象字詞的畫面要花較多時間，因為你必須構思象徵物。例如，先設想「磚塊」的畫面，然後設想「自由」的畫面。磚塊很簡單，自由不那麼簡單。再想想，如何把「與」、「但是」化為視覺意象。

我總是選用腦海裡第一個浮現的畫面。提到「與」這個字，我眼前立刻出現一個「&」符號。提到「但是」（but），這個嘛，我想到的就是「屁股」（butt）。我希望你已經了解大腦回憶的速度快如閃電，絲毫不給我們「思考」的時間，而且為這一事實感到慶幸。本頁談到字母與字彙的理解，就證明這一點。以我為例，「合理」一詞令我想到知名影集《星艦迷航記》（*Star Trek*）裡的重要角色史巴克先生（Mr. Spock）揚起的眉毛，以及瓦肯人（譯注：一個外星種族，史巴克就屬於這個種族。）打招呼的方式，舉起一隻手，中指和食指又開，做V字手勢。有時候我們可能不知道為什麼會產生這樣的聯想，沒關係，它就是發生了。

不要讓自己為心頭為何浮現某個畫面而分心。**人類的思維由兩股非常強大而互相對立的力量組成——專注的力量與胡思亂想的慾望。**雖然找出某種東西浮上心頭的原因可能很有趣，但這就像追捕兔子會使我們拋下手頭的工作。既然我們閱讀本書的主要目標是集中記憶力，就必須貫徹這一點：保持專注。

最起碼運用「雙向契合三法則」之中的一種，把二度空間的畫面轉換成多重空間的經驗：感官情緒行動的視覺化。我彷彿聽見飾演史巴克先生的李奧納德尼莫伊（Leonard Nimoy）說：「長命富貴」（Live long and prosper.），或我也可能看見他的手做瓦肯人的打招呼動作。

但我們怎麼把「插入」這個字化做視覺意象呢？很多人對這個字眼都很熟悉，因為伊拉克戰爭中，軍方把記者安插在軍事單位裡，隨軍行動的政策，就採用這個字眼。既然聯想法則容許我們連結任何兩個八竿子打不著的字，我就把這兩個觀念融合在一起。我看見的史巴克先生不在企業號星際戰艦上，而搖身一變為CNN的戰地特派記者。這整個過程只花一、兩秒，但把它寫下來，卻花了數百倍的時間。

在這個狀況下，我希望你對聯想力帶來人生無限可能，覺得既著迷又興奮。文字消失很久以後，畫面與經驗在我們腦海裡仍保持得相當完好。畫面不僅賦予我們把難以捉摸的強大觀念，轉換成具體形式的能力，也很容易儲存在我們的長期記憶當中。這是一種掌控無限的方法。把數量無限的資訊，儲存在稱之「心靈」一個容量有限的倉庫裡。

然而，我也知道你也有可能對這個練習滿懷抗拒，一心巴不得趕快脫身，或你覺得這件事有點趣味，但對於日常生活未必很實用。如果你有這種想法，我要請你同時也考慮這個觀念：**強烈的抗拒通常也代表可以從中找到極大的報酬。**

截至目前為止，你每天生活都無意識地使用聯想與視覺化，就像你在陽光下活動一樣自然。把「早餐」一詞轉化成炒蛋的心靈畫面；把「你度假做些什麼事？」這句話轉化成迪士尼樂園或者是拉斯維加斯賭桌，重點是你一直都在這麼做。現在你要開始有意識地做這件事。

聯想法則和視覺化的技巧有三大優點：首先，培養想像力、擴展創意，可以累積智慧資本。這兩種資產是未來世界的通貨。全世界大名鼎鼎的奇異電氣（General Electric），把使用多年的標語「我們使生活更美好」（We bring good things to life.），改成「夢想啟動未來」（Imagination at work.），難道只是巧合?想像力推動科技的驚人發展，使我們才十幾年就擁有了以前大多數人都夢寐以求的工具。

利用聯想和視覺化，也能提供心靈一個可以專注的焦點。專注思考模糊或抽象的觀念，即使不是不可能，也非常困難。我們需要用具體形象或象徵來代表一個觀念，這些技巧會加快你學習的速度。把長期記憶中已經存在的資訊跟新念頭、新觀念聯想在一起，可以立刻把新思維整合到思考過程當中。新的聯想即使不能使我們永久改變，至少會暫時改變我們。之後的章節會詳述這些優點，在我們進一步討論細節之前，還有幾個觀念值得你參考。

興趣：喜歡就記得住

所有輔助記憶的自然方式之中，興趣絕對是最簡單、最好用的一種。簡單地說，我們會記住引起興趣的東西。引起興趣的東西對我們未必很重要，像是電視與電影，大多數電視節目和電影都不是什麼改變人生的大事，但我們記得最喜愛的電影與節日裡的片段，因為它們很有娛樂性、與我們契合、引起興趣。

如果你看過卻爾登．希斯頓（Charles Heston）主演的電影《人猿星球》（*Planet of the Apes*），我想你會同意裡面沒有什麼很重要的內容。但我會看重播看到半夜，等著出現我最喜歡的那句台詞：「把你的臭手拿開，你這該死的骯髒猩猩！」

我百看不厭！這句狠話讓整群猩猩顫慄，突然懷疑牠們真的比眼前這個單槍匹馬的人類更優越嗎？如果我試著用最好的角度解釋我對這個場景的偏愛，或許可以說這反映出我有某種更深刻的興趣。好比我對那個場景會特別有感覺，代表我很關切社會正義、種族偏見、從眾現象、壓制異己的拙劣做法，也許我對殘酷、現存體制、恐懼改變、盲從等相關議題很敏感。

有時候我們不是真的清楚自己對什麼感興趣，要寫下來才會明白。這也是為什麼書寫對記憶很重要，因為可以幫助你定義與分析你的興趣。曾有一個銷售員聽了我的演講後告訴我，他以前自認很不善記憶姓名和臉孔。之後他明白他的事業重點不在銷售產品，而是建立關係，領悟到對人的興趣是追求事業成功的關鍵，現在他變成了記憶姓名的達人。

有些人很善於記憶各種詳細的運動統計資料，如打擊率、投籃命中率等。對於有這種興趣的人，體育賽事不只是競賽，也是在計算機率。

請花點時間列出你很感興趣的事項，然後將每個項目細分到不可分割的核心部分。例如你可能對烹飪這項結合藝術和科學的活動很有興趣。你喜歡從頭開始，跟著食譜一步一步進行，將特定原料按照精準的數量混合其他食材，接著要遵循特定的烹飪順序，攪拌、摺疊、混合、烘焙等等。有時候你可以更換原料，讓成品更加色香味俱全。烹飪的藝術就是將許多細節綜合起來，創造出整體的效果。

也許你熱中打高爾夫，打完一場後，朋友問你成績如何，你答：「九十五桿」。這是簡單的事實，但背後可是有一段故事。

你的平均成績大約是八十桿，因此你需要解釋一下：「你知道第一洞左邊有個急轉彎，我的球斜切飛到邊緣。第四桿打到果嶺很後面，但洞的位置在前面的斜坡最底層。我推了三桿才進洞，那之後就注定了這一天的成績很不理想。」你補充了許多細節後，「打壞一場球」的故事便鮮明了起來。

如此將感興趣和熱愛的事情細細解析，可以幫助你了解記憶是如何形成的。你可能一開始將腦中的一個畫面添上觸感，創造出一種經驗。或者你可能先有一個經驗，然後抽絲剝繭，顯露出讓這個記憶產生意義的特定細節。

接著，你要將聯想法套用到你找到的興趣，看看是否有機會發揮你的想像力和創意。**興趣就像畫布，確定興趣所在便能鋪設好背景，讓我們可以在上面建立記憶，找到方法記住任何想記住的內容。**假設你要記住不太長的購物清單，而你是那種會從頭開始，按部就班採購到最後一項的人。你不妨將清單上的每樣東西想成食材，你準備按照腦中某份食譜做成特殊的料理。這些東西組合起來很莫名其妙，要避免你腦部講求邏輯的部分將這份想像的食譜丟開，你只需要問自己一個問題：「吃起來味道會怎樣呢？」這個簡單的念頭讓你腦部的兩邊功能聯合起來。右邊是內在的眼睛，讓你看見清單的具體畫面，左邊的分析能力則會判斷畫面為何在那裡。

重點是，**你的記憶力會和你熱中的事物產生連結。**所以你知道，你的記憶力其實很不錯。現在你只需要將它應用在你可能不是那麼熱中但有用或有興趣的地方，這是接下來幾章要探討的。

| 第五章 |

刻意練習的藝術與科學

你曾聽過，挑選房地產最重要的三個條件就是地點、地點、地點。很不幸地，很多人也以同樣方式強調一種基本的記憶技巧：重複、重複、重複。他們好像以為，只要盲目而野蠻地重複錘鍊，只要夠猛、夠久，就可以把資訊敲進我們的長期記憶裡。

多麼可悲。

當我們以無理性的重複處理記憶時，就會成為它的奴隸。人們以為只要「投入時間」，早晚一定會擺脫單調，贏得自由。然而，要不了多久我們就會自問：「多少才算夠？」很快這又變成：「什麼時候可以停止？」最令人遺憾的是，我們自己或子女在校學習也靠重複達到記憶的目的。我不知道你作何感想，我可是再也不想聽到孩子們對著九九乘法表嘟嚷濃濃背「三三得九」的聲音。每到考試前夕，各地有多少學生臨時抱佛腳，努力背誦各種名字、日期、定義，浪費多少寶貴的光陰。

顯然我們在記憶過程中太依賴重複。試想有多少東西，你只看過或聽過一次，卻毫不費力就正確記住？我還記得我第一次跟珍娜約會、第一次開車、第一次（也是唯一的一次！）打高爾夫一桿進洞，以及我生平第一份工作第一天上班的情景。這些記憶不請自來，儘管事實上它們都只發生過一次。

我們本地小學有位老師，為分成若干小組的一年級學童引進手語，並為每個小組示範如何以手語表示字母，孩子們必須立刻跟著重複這個字母。練習終了時，老師用手語拼出單字與句子，要孩子把看到的東西寫下來。你可能很驚訝得知九成以上的孩子把每個字母、單字和句子都寫對了，這是**記憶不必靠重複**的好證據。

但這樣的結果其實不意外，如果你還記得羅倫提博士的研究，也就是同時看見和聽見救火車時，大腦被啟動的部分，與單純看見或聽見救火車時所啟動的部分，兩者互相比較，就會發**現視覺加上聽覺會產生大腦協同作用。大腦控制視覺與聽覺的部位一起運作時，除了本來會因單獨聽到或看到而開始作用的腦細胞外，還會「打開」更多的腦細胞。**

把「重複」當調味料

我倒也不是完全否定重複，重複無疑是很重要的記憶工具，但有時重複太多遍反而妨礙記憶。有項研究，志願參加者每人需記憶一份單字表，其中一組指定用複述法，兩個字間隔六秒，組員聽到下一個字之前必須盡量重複前一個單字，愈多遍愈好；對照組則不限用任何訣竅或方法，只要記住單字就好。結果對照組記憶單字的成績比第一組好得多。第一組的高頻率重複對學習過程其實是一種干擾。

我有次訪問隨機二進位數字記憶賽（要在三十分鐘內記住三〇三七個隨機挑選的二進位數字）的世界紀錄保持人，也是德國記憶冠軍君特・卡斯騰（Gunther Karsten），我問他這麼多數字要重複看幾遍。

「兩遍，」他答道。

只看兩遍，就要記憶三千多個數字（二進位數字尤其難），這怎麼可能？君特只不過利用聯想法則把新資訊銜接起來，亦即用只有他了解的意象和經驗搭配一連串二進位數字，稍後我們會更詳盡介紹他的方法。君特就像大多數記憶力超強的人，也不過是個普通人。他的好記性不是天賦異稟，只不過把人人都有的記憶力加以訓練，而且他的訓練方式沒用到重複。

記憶力強，代表重複的苦差事可以減到最少。一遍又一遍閱讀材料，非常浪費時間、精力與勞力。為了讓記憶成長，你必須給資訊足夠的孵化時間。農夫把種子撒在田裡，不會立刻回去探望。聰明的農夫知道每種作物的生長週期，會在一定的時間回來照顧新作物。記憶也是如此。

把重複當做調味料，加的恰到好處，才能改善記憶。你不可能完全不用到重複的技巧，因為它有兩大作用：第一，它是內在的考驗，確保你正確學會新資訊。或許你沒聽清楚剛遇見那個人的名字，為了確認不妨再問一遍：「對不起，您的大名是鮑伯還是羅伯？」隨著記憶加強，你初始學習的能力也會進步。如果你學習的方法錯誤，要改正會更困難。

我參加一個派對，有位來賓告訴我另幾位剛到場的來賓姓名。她誤把其中一位先生說成史蒂芬．史密斯先生，但我後來得知，其實他的名字叫詹姆斯。這下可好了，每次我見到他就有忍不住直覺叫他史蒂芬的衝動，這個錯誤幾乎無法糾正。最後我在心裡給他取了個雙重名字：史蒂芬．詹姆士．史密斯。這是我專用的密碼，讓我知道該以第二個名字為主，不要用錯誤的第一個名字。

重複之所重要，還有第二種作用，因為它是克服記憶大敵時間流逝的工具。時間是擦拭記憶的橡皮擦。活躍在二十世紀初的著名德國實驗心理學家赫爾曼．艾賓浩斯做過一個經典實驗，繪製出第一條「遺忘曲線」（forgeting curve），他發現記憶在初始學習不久後就開始大幅衰退。

時間與記憶的關係

間隔的時間	立刻	20分鐘	1小時	9小時	1天	2天	6天	30天
記得的份量	100%	60%	45%	35%	30%	25%	22%	20%

他編了一份無意義的字彙表，有ADH、GBT等現實中不存在的組合，靠強記硬把這些字背下來。因為這些字沒有意義，所以他無法用雙向契合三原則或「SEA視覺化」的方式強化初始學習效果。也因為這些字沒有意義，所以沒有趣味可言，以過去經驗為基礎的聯想法則，理所當然派不上用場。這真是學習與記憶最糟糕的狀況了，但這更足以呈現時間沖淡記憶的力量。

他背下這份胡謅的字彙表，就開始觀察經過各種長度的時間後，記憶能保存多少，結果發現：如果立刻背誦，他可以記住百分之百；如果等二十分鐘，只記得六〇％；如果等一小時，他只記得四五％。實驗結果如上表：

時間磨蝕與擦拭學習成果的力量非常驚人，殺傷力立即可見。在此提出兩個鞏固記憶、阻斷刪除作用的方法：

1. **應用「SEA視覺化」的力量**，提高初始學習的效果。你的心靈畫板上有上百種，甚至上千種可用於鍛鍊心靈之眼的不同感官與情緒。你添加聲音、觸覺、氣味等完美的元素，賦予意象生命，把二度空間的畫面變換成契合的經驗，你是畫家，也是作曲家，發揮創造、再生的能力，在心裡創造曠世傑作。

2. **利用聯想法則**，汲取你已經擁有的知識，進入大腦無限的儲藏空間。你可以模擬神經元的連接方式加快學習過程。大腦在顯微層次怎麼連接個別腦細胞，你也用同樣模式，把早已存在你長期記憶中、數以百萬計的事實、數字、經驗，跟新材料連接在一起。

把握最初幾秒的關注

打散學習時間，使記憶擴充至最大。學習而不複習，時間間隔愈長，記得的就愈少。

找幾位志願者試做這個練習，或請人幫你試做。要求志願者（或你自己）依照次序盡可能記憶多個數字。先以每秒鐘一個數字的速度，大聲朗讀下面的二十位數字。然後詢問他們從頭開始記住多少個數字。當大多數人都在遲疑時，立刻問他們最後一個數字是多少，接著問倒數第二個數字，直到大家腦子都一片空白為止。

13145926535897932384

你會發現，**最初四到七個數字的記憶最強**，這就是「最初效果」（primacy effect）。一般人通常都記得住學習時段剛開始時學到的東西。有些人可能會記住最後一或兩位數字，這是「新近效果」（recency effect），意謂最末了幾項事物往往也比較記得住。**最容易被心靈天平遺落的就是中段資訊**，這跟理解沒有關係，完全是記憶的本質使然。

打散學習時間，就可以提升學習期間的記憶能力。因為注意力集中的時間長短，會因記憶的材料而異，所以學習時間長短完全是一種主觀判斷。**我們追求非常密集的專注。**如果我告訴你，一九六〇年代末，人類飛到月球只要花十一分鐘，你可能很詫異。事實上，雖然太空人脫離地球後，經過三天才抵達月球，但火箭燃料只燃燒了十一分鐘，就產生足夠脫離地球重力場的能量。一旦進入外太空，阿波羅任務不費吹灰之力就可以飛抵月球。**記憶也是如此，完全靠最初幾秒鐘的全神貫注，後面的時間幾乎不費工夫。**

黃金記憶15分鐘

嘗試用電視台模式來規範你的學習習慣。大部分電視節目長度都不超過一小時，你單次學習的時間也應該以此為上限。你注意到長度一小時的節目播出十五分鐘後會進一段廣告，這就是基本的下限。我認為**學習時間設定為最短十五分鐘，最長一小時最合適。**

複習材料數遍，直到你能從頭到尾毫無錯誤背誦一遍為止，然後停三十秒或一分鐘，再背誦一遍。如果第二遍背誦也成功，就代表你這段學習可以告一段落。如果不成功，等三十秒或一分鐘，再背誦一遍。第一遍完美的背誦，確保你記憶的資訊正確；第二遍背誦為的是建立自信，也標示學習階段的完成。告訴你一個很棒的學習竅門：如果你要記憶的是一張清單或一堆人名，第二遍要倒過來背。還記得剛提到的初始效果和新近效果嗎？開頭的部分我們自然而然記得較多，所以我們從清單的末尾開始，倒著往前背，有助於趁最容易遺忘的中間資訊溢出記憶前，把它搶救回來。此外，你要對記憶的完美特性有信心。你的心智天生神奇，但我們習慣負面思考，總是計較有多少東西被遺忘，在潛意識裡中傷心智的能力，**我們幾乎從不注意自己記住了多少東西。積極肯定會幫助我們強化心智的神**

奇力量。

等十到十五分鐘，不看原始材料，再背誦一遍。學習階段告一段落後，資訊就會從現行記憶轉移到長期記憶去。我把這一過程想像成下課時間結束的幼稚園孩子，列隊走進教室。他們都很興奮，精力旺盛地磯磯喳喳，若沒有老師監督，有些孩子會跑出隊伍，衝進走廊跑不見。孩子本來就容易分心，他們最不喜歡排隊。我們的頭腦經過十到十五分鐘沉澱的記憶，也有類似的特性，使資訊容易遺失。

二〇〇二年，我女兒克麗絲汀一度陷入昏迷，我們現在相信是大腦受腦炎病毒感染所致。病毒使她的大腦膨脹，在控制運動的區域及記憶中樞，造成暫時性損害。她在康復過程中，曾經問我們這一切如何發生，我們告訴她，十到十五分鐘後，她會再提出同樣的問題，而且完全不記得自己已經問過了。好在她現在已經痊癒，享受著健康快樂的生活。女兒生病時，大腦的暫時性損害阻擋資訊進入她的長期記憶，經過十到十五分鐘，資訊就散失了。這次經驗對於現行記憶與長期記憶處理資訊所費的時間，提供非常有力的線索。如果你記得一件事超過十五分鐘，大概可以合理推論，它已經進到你的長期儲藏區了。

八度贏得世界記憶冠軍的多明尼克·歐布萊恩（Dominic O'Brien），不僅是我的好朋友，也是我記憶的導師，他擁有全世界最發達的記憶力，能在一小時內記住十八到二十副撲克牌。有趣的是，他並不是一口氣記憶十八副牌。他把記憶過程拆成時間長度漸增的三個部分，每段時間記憶六副牌。也就是說，他會先記憶第一副牌、然後第二副牌、第三副牌，直到記完六副牌。令人嘆為觀止的是，多明尼克在比賽中只花兩分多鐘，就可以記住一副牌，所以他記完六副牌，距他第一眼看到第一副牌的時間，也不過十二到十五分鐘。這時他先不繼續記牌，而是很快回頭重看一遍第一副牌，然後第二副、第三副，直到六副牌都複習完為止。接著他開始做包括第七到第十二副牌的第二段記憶，並把記下的牌通通複習一遍。

他解釋道：「我把我這種複習方式稱作『轉盤子現象』。假定有六根桿子，你要在每根竿子上放一個旋轉的盤子。你做到第六個盤子時，第一個盤子已經喪失一部分動能，需要再搖幾下竿子。我記憶的時候，做到第六副牌，第一副牌也失去了一部分動能，變得有點模糊，所以我得回頭，在心裡給它加把勁兒。」

學習記憶新資訊的時候，必須確認資料輸入長期記憶的途中，不至於變得模糊不清。以十五分鐘為基準，快速複習一下，有助於保護數據不散失。下回你遇見一群人，不妨偷偷用手錶定個鬧鈴，或隨時留意時鐘，看看十五分鐘後你是否還叫得出他們的名字。

一的法則

使資訊成為長期記憶的一部分，必須從克服「模糊的十五分鐘」開始。一旦你在十五分鐘後，成功背出需要學習的材料，學習就告一段落。然而因為「時間」這個既偏執又頑固的老傢伙，硬要消除你心靈硬碟裡的資訊，你應該考慮建立一套定期複習的常規，我姑且稱之為「一的法則」。基本上，這種複習從你學習階段結束開始，分為五個時間點：一小時、一天、一週、一個月、一季。

了解這法則的運作方式前，我們先來溫習當你要進一步了解一個人時，可以向他們提出的五個基本問題。（第三章已經介紹過這幾個問題。你還記得內容嗎？你還能在心中看見當時創造的心靈圖像嗎？如果能，太好了！如果不能，趁此機會，我要告訴你如何化挫折為驚喜。）首先，提醒自己，你記憶資訊的能力毫無問題，你做得很好，每天都如此。這一頁文字、電話鈴聲、玫瑰花香，都可以證明這是事實。其次，提醒自己，時間從你大腦刪除資訊的效率很高，艾賓豪斯的實驗可資證明。如果你不記得，可能因為你隔了太長時間才再次思考這件事。「一的法則」能防範資訊被遺忘吞噬。

我們舉一個例子說明它怎麼幫助你。假設你要記中國風水中的八卦，也就是人生的八大元素：健康、愛情、財富、事業、智慧、名譽、兒女、貴人。你可以仿照我們一起做過的記憶五個基本問題的方式，用「SEA視覺化」在心中創造視覺意象或經驗，把這八種元素都涵括進去。把這幅傑作畫在心板上以後，記得把這份清單順著背一遍，再倒著背一遍，確保真正熟悉它的內容，如此做兩遍。現在，定時十五分鐘，找些有創意的事做，完全不要想這份清單，雖然最後這一點的難度可能比你預期的高。時間到以後，重新背誦清單上的項目。不論順背或倒背，只要成功一次，就算完成，即使你忘掉某些項目，也不必擔心。

有時，資訊雖然輸進了大腦，時間卻像酸液把數據溶化，使學習的原始材料只剩一些片斷。每個人都會遇到這種事，即使全世界最高明的記憶專家也不能倖免。但你還是可以把它變成一種優勢！

二〇〇四年五月，我上CNN《安德森古柏三百六十度全視野》（*Anderson Cooper*

360）的現場節目，正要背一副牌時，卻驚駭無比地發現大腦有塊空白。我忘記了第十三張牌黑桃五。事過境遷很久，但我仍然記得，而且永遠記得那張特定的牌，只因為我忘記過它。**一開始被我們遺忘的事物，到頭來很可能變成最刻骨銘心的記憶**，知道這一點以後，豈不是該用驚喜取代挫折感嗎？

先等一天，不要看原始材料，重背一遍資訊。提醒自己，你的記憶力絕對沒問題。如果你忘記任何東西，不要沮喪，因為衰退本來就是人生的現實，記憶就是這麼回事。**時間的力量強大到只要一天，就足以抹掉我們學習的七、八成，關鍵在於釐清你為什麼會忘記某些東西。**你忘記可能因為初始學習的強度在記憶過程中打了折扣，有時則是因為最初的銘刻不夠深刻。試想土星號火箭如果燃燒的時間未達脫離地球重力所需的十一分鐘，結果如何？那具火箭一定會像打了折扣的記憶一樣宣告失敗。

不論你忘記了什麼，都要回到「SEA視覺化」，添加一種（只限一種）完美的「SEA視覺化」元素，為數據挹注活力，使它恢復完整。例如，假設你記不住八卦八大元素中的的第三項「財富」，那麼你可能該用錢幣落到地面的叮噹聲取代一袋金幣的畫面。針對你遺忘的事物，每次只限增加一種元素，這一點非常重要，因為大腦的效率極高，它的設計就是以最小的份量收最大的效果。

再隔一星期，背誦記下來的資訊。

距你上一次背誦與複習，已經過了一星期，這段時間可能顯得太長，但再看看艾賓浩斯的實驗結果。記憶的材料經過頭幾天大量流失後，已漸趨平緩。二十四小時後更新加強過的初始學習，經過一星期仍保持得相當完整。

參加世界記憶冠軍大賽的選手都很了解這現象。有個比賽項目要求在一小時內盡可能記憶最多個隨機排列的數字（1, 4, 2, 0, 8等）。這真是一項精心設計的艱苦考驗。因為目標是看誰記最多數字，你必須把複習數字序列的時間壓縮到最少。競賽者花愈多時間複習，記憶更多數字的時間就相對減少。一小時結束，競賽者有兩小時回憶他們背下來的幾百個數字，而且排列次序必須完全吻合。如果隔一星期才要求競賽者背誦他們七天前記下來的數字，他們很可能記得九五%到一〇〇%。這是個不可思議的過程，你一定要親身體驗才會相信。在日曆上記一筆，提醒自己七天後做測試，看看你記得八卦中的幾個。如果你覺得一本教你如何改善記憶的書，竟然要你用日曆做提醒工具很奇怪，請閱讀本章最後面的內容。

隔一週複習你學會的資訊，可以遏阻記憶衰退，將這批資訊的大部分內容再保存一個月左右。等到一個月後的複習日，你忘記的少許資訊很快就可以更新。

經過一個月，再做一次背誦。這一步驟對高中或大專學生都極為有益。如果他們遵守「一的法則」，平日投入足夠的時間與精力記憶資訊，考試前夕只要抽一點時間複習累積的材料就夠了。**長時間持續投資少量的時間與努力，比起考前開夜車、臨時抱佛腳，不是更有效率嗎？**

第五次也是最後一次的複習，是在一季（三個月）後。這能使資訊在你長期記憶中的地位更牢固。

在設計「一的法則」時，我發現一天、一週、一個月、一季的複習週期最適合我。但這樣的頻率只是建議，供你在自行設定複習程序時參考之用。複雜度高的資訊有可能需要縮短間隔，增加次數，但也不盡然。**與其每天多花幾小時複習材料，不如先縮短學習時間，然後照「一的法則」進行。**

在順利背誦材料兩遍後，先「休息」十到十五分鐘，能使複習發揮最大功能，利用這段休息時間學習更多材料，或做些有創意的活動。要注意的是，這段期間，資訊會逐漸滲入你的記憶銀行，千萬不要干擾它，讓資訊慢慢孵化，做一個聰明的農夫。

開始記誦一件事的時候，要設定目標：你要花多少時間背完。目標要切合實際。你不需要在一年之後還記得一份購物清單的內容，也不需要在十年之後還記得史上所有大戰爭的日期。不論資料本身多麼刺激有趣、引人入勝或重要，都不可能完全記住。如果做得到，我們的記憶一定跟照相機一樣。你要培養的是用你親自挑選的寶貴資訊組成的完美記憶，幫助你發展成一個比現在更優秀的人。

重複對記憶有其重要性，但我們還有其他更重要的工具，主要是接收、保存、回憶資訊的能力。如果你了解「SEA視覺化」的觀念，而且已經利用雙向契合三原則在培養這方面的能力，接受資訊的能力就會不斷成長。提升保存接收到的資訊的能力，必須透過兩個步驟建立現行記憶與長期記憶之間的橋樑。現行記憶的儲存空間很小，但長期記憶的容量卻是無限大。只要你多做練習，培養聯想技巧，第一步驟就已完成。第二個步驟會在下一章「羅馬房間記憶法」中介紹。最後，**一般人口口聲聲說要改善記憶力，真正意思其實是要使回憶的能力達到最高**，而且最好輕而易舉就能做到。

大腦同意這個說法！

記住未來

幹嘛靠日曆提醒？記憶力好，難道不能幫我記住什麼時候該做什麼事嗎？

我直截了當回答你，不能！

時間與記憶就好比油與水，因為它們不會混合，它們就是合不來。記憶在某些方面凌駕時間。前一刻你生活在現在，下一個瞬間，你意念飛馳回到五歲的時候，你可以在幾秒鐘內搜尋幾十年光陰。你只要花實際經驗千百萬分之一的時間，就能重溫那場經驗，像是學會騎腳踏車或開汽車後第一次上路。然而，要記住還沒做過的事其實有點矛盾，心理學家稱之為「預期記憶」（prospective memory）。記住未來要做的事，好比去店裡買一盒牛奶，唯一可靠的方法就是依賴外界的記憶輔助，在特定時刻提醒你去完成工作。使用科技產品提醒，例如手機是個較好的辦法，因為它不但可以設定鬧鈴，還會給一則簡訊，提供足夠資料讓你明白它為什麼會響，例如「買牛奶」。

這當然不是最理想的解決之道，因為萬一鬧鈴響得太早或太晚，你所在的位置或交通不方便，你還是可能忘記。但這些工具提醒約會、開會或服藥，都非常好用。又如，你因為鬧鐘沒響而上班遲到，老闆不會罵你記性不好，但你顯然需要外界提醒，中止你正在做的事——睡覺改變目前的軌跡。記憶未來該做的事也是如此，**你需要某種外來的提醒，使你能適時去做特定的事。不要因為「預期記憶」不佳，就誤以為自己的記憶力不好**，這是兩種截然不同的觀念，彼此毫無關係。

｜第六章｜

羅馬房間方位記憶法

從查到電話號碼到拿起電話撥完號，你曾在這段過程中忘記剛查到的號碼過嗎？這一度是我最頭痛的失憶問題。七個小號碼瞬間就從腦子裡蒸發，真是難以置信。這是心理學家所謂「現行記憶」（working memory）的實例。現行記憶由大腦一個只能儲存少量資訊僅幾秒鐘的部位掌管，非常脆弱。

大腦有兩種容量截然不同的功能——現行記憶和長期記憶保存資訊的能力由它們決定。打個比方，現行記憶就像大陸邊緣一座地圖上找不到的小島，面積不定，因為沒有人確知它到底有多大。如果每秒鐘等於一呎，每分鐘等於好幾哩，現行記憶的小島可能寬度只有幾呎，環島一週可能有幾哩。島的面積大小看你天生的能力和性向而定。例如，如果你擅長記憶姓名與臉孔，你的島就很寬；但如果你很不會記數字，島的寬度可能就縮減到幾呎而已。島的大小會伸縮，視你要記憶什麼而定。真讓人挫折，不是嗎？

另一方面，你的長期記憶就像是大陸，擁有豐富的資源和無窮盡的儲存空間。長期記憶不像現行記憶的小島，面積永遠不會縮小。

二〇〇三年，多明尼克．歐布萊恩創下金氏世界紀錄，他只看了每張牌一眼，就把混在一起洗過的五十四副撲克牌通通記住。這對人類而言，似乎是不可能的任務，除非多明尼克有照相機般的記憶力，但他馬上承認他沒有。事實上，多明尼克小時候為失語症所苦，他學校成績很差，被迫輟學，所以怎麼可能只看一遍，就把兩千八百多張牌都記住呢？他的記憶力怎麼沒有被五十四副牌的重量壓垮呢？

多明尼克學會用心智做不尋常的壯舉，學會在捉襟見肘的現行記憶與幾乎可以無限儲存的長期記憶之間，搭起一座橋樑。令人意外的是，搭橋這件事不是記憶專家利用核磁共振造像，以及其他高科技方法完成的新發明，而是兩千五百年前就已發現，如今卻被忽視的古老祕密。

發現「羅馬房間」

據說古希臘詩人西莫尼德斯（Simonides），有次在舉行盛宴的大廳裡朗誦一段獨白。他離開那棟建築物不久，因屋頂塌陷，壓死了裡頭所有的人。屍體一片狼籍，無法辨識，官方便要求西蒙尼德斯重回現場，看看能否至少記得其中一部分的人。意外的是，他竟記得大廳裡的每一個人，因為他記得他們坐在哪張桌子的哪個位子上。他用方位輔助記憶。

羅馬演說家西塞羅（Marcus Cicero）大約在一世紀初擴充這個方法。他只要看到座位上的擺設或象徵物，就可以一口氣背好幾大本資料。他的心靈符號就像電腦螢幕上的符號，代表他在辯論中需要記憶的關鍵論點。西塞羅以旁徵博引不靠筆記、說理清晰、井然有序聞名於世，這種記憶法後來就稱為「羅馬房間記憶法」。西塞羅在內心投射一個擺著桌椅的房間，他在這個專屬於他的心靈空間裡走動，闡述自己的論點。他在心裡組合資訊，走到任一張桌前，都可以取用他存放在不同座位上的記憶，向他的聽眾描述這些記憶。你做過本書前面的練習，就會知道大腦裡知識無限，記憶可以儲存大量數據。所以真正的問題不在於**「我腦子裡有沒有這筆資訊？」**而是**「它在哪裡？」**

羅馬房間記憶術擴充記憶的技巧，跟我太太珍娜，解決我老是丟汽車鑰匙的辦法很類似。她給我指定一個「勿忘我」位置，也就是五斗櫃最上層的抽屜。現在我從車庫進門，不再把鑰匙放在任何所謂的老地方了，然後下次出門前花幾個小時翻遍屋子找鑰匙，我現在會直接把車鑰匙擱進五斗櫃最上層的抽屜。這成為一種習慣，我不假思索就知道鑰匙在哪兒。找鑰匙浪費時間和精力，不但增加壓力，也讓你懷疑自己的智力。缺乏組織的記憶力也是如此。我們已經介紹過幾種集中注意力的方法。使用這些方法，再搭配羅馬房間記憶法加以組織，會使你的記憶力突飛猛進。

打造你的「羅馬房間」

西塞羅的「勿忘我」位置是順應他那個時代的環境而設。我就從我家的客廳開始，你也不妨從你現在所處的房間開始。我看看四周，第一眼印象是很多「東西」。我看到我多年前的畢業禮物……音響喇叭，以及電視、音響櫃、壁爐、我最喜歡的躺椅、一張搖椅、放燈的茶几、咖啡桌、兩用沙發、天花板上吊扇附近的嵌燈。剛搬進來的時候，珍娜和我──老實說，珍娜居多──就花了很多心思，務必把每件家具都安排在最實用的位置，使房間整體看來美觀舒適，而且對室內空間做最有效的利用。事實上，這房間的秩序乍看雜亂，動線卻組織得很好。或許這也是「極限裝潢」（extreme makeover）之類的電視節目或《建築文摘》（*Architectural Digest*）之類的雜誌部分魅力所在。一般屋主可以從有設計天分、能把居室布置得既實用又富美感的人那兒獲得一些靈感。我很意外，所有房間都有相同的基本結構──四個角落、四面牆、天花板和地板……竟然能改造成任何兩個房間都不會完全相同。房間的基本構造好像有無數種布置方式，這就是心靈組織工具的最大祕密。**有限的布置可以有無窮變化——就像大腦一樣。**

我細看我家的客廳，從進門說起，左手邊的角落擺著喇叭架。電視櫃緊貼旁邊那面牆，搖椅在下一個角落裡。然後壁爐正對著門口，我最喜歡的椅子放在房間的第三個角落。第三面牆基本上是個寬敞的通道，通往餐廳，一張放燈的小茶几占據了第四個角落。最後這面牆放一張坐臥兩用沙發。地上鋪著地毯，不過沙發前面還有張大型的胡桃木茶几。天花板上則掛著吊扇。

「這個房間裡每一個組成結構都有特定位置，而且每一成分都因房間的形狀而跟其他成分有關聯。我以室內設計師的眼光，順時針依照角落——牆面——角落牆面角落牆面——角落牆面地板——天花板的秩序觀察這個房間。因為這些基本的房間成分都在特定的位置，可以將它們編號，方便辨識。我走進房間，音響喇叭位在我左邊的角落，這是第一號位置。旁邊放電視櫃那面牆是二號位置。順時鐘看過去，接下來放搖椅的角落是三號位置。依此繼續，我環繞房間把哪件物品放在哪個角落逐一標明，一直到把天花板上的吊扇編為第十號位置。

位置編號	地點	物品名稱
1	角落	喇叭
2	牆壁	電視櫃
3	角落	搖椅
4	牆壁	壁爐
5	角落	躺椅
6	牆壁	通道
7	角落	放燈的小茶几
8	牆壁	兩用沙發
9	地板	大茶几
10	天花板	吊扇

上表列出以上編號的結果：

我閉上眼睛，可以在心裡看到整個房間。如果用「雙向契合三原則」讓心裡的畫面動作，我可以像知名紀錄片製作人肯恩．伯恩斯拍紀錄片一樣搖動心靈之眼的鏡頭，從喇叭開始，繞室一周，看到安放在特定位置的每一件家具。

本書截至目前要求大家做的各種練習當中，首推現在這項最重要，你一定要親自做過才會相信你真的做得到，否則就不可能充分體會這件工具的威力。

走進你的「羅馬房間」

我整理出七個重點，幫助你更輕易地使用羅馬房間記憶法：

首先，不論用肉眼或心靈之眼，你在房間裡看到的秩序與模式都非常重要。你的左腦需要秩序、邏輯、序列和數字才能運作。任何房間的布置都能滿足這一需求。

其次，幾乎所有房間都有四面牆、四個角落、地板和天花板，這可以簡化編號排序的工作。永遠從你進門時左手邊的角落開始，那個位置永遠是一號。例如我的客廳從一號位置的音響喇叭開始。我進入的下一個房間，也就是餐廳，左手邊角落有個骨董縫紉盒，那就是第十一號位置。再下來一個房間是廚房，進門左手邊有一組木製的折疊桌，那就是第二十一號位置。

第三，不論房間裡各個位置擺的是什麼物品，從上找出一個你可以在內心看見的特徵，選擇能使你清楚看見這件物品的一個小細節。我看見音響喇叭上製造廠的商標、木製的電視櫃上的弧形線條，以及搖椅上一條格子花紋的毛毯。如果角落裡沒有放東西，就找看這兒的結構或牆面上有沒有瑕疵。任何細節都很重要，而且會牢記在你心裡。如果真的連瑕疵都找不到，就在家裡挑一件可以移動的物品，暫時放在那個角落。

第四，把房間裡的灰撢一撢（男士們，你太太會因你這麼做更愛你，雖然她們可能會用奇怪的表情瞪著你）。把每件物品和它的位置牢記在心最好的辦法，就是拿根雞毛撢子或隨便什麼樣的布擦掉灰塵，利用窗戶、電燈開關、繪畫、地毯或任何東西，跟這些物品產生互動，把它們轉變成經驗。不論你現在在什麼樣的房間，照我上面示範的方式製一張表。

第五，選一個數字。拿十張小紙片，分別寫上一到十的號碼。把紙片放在帽子裡，抽一張出來。假定你抽到五號，從一（進門左手邊的位置）開始數，依序走到第五號位置，這應該是你進門時，正對你的那面牆壁右側的角落，記住五號位置上的物品。重複這一練習至少五遍，你就會發現自己的眼睛和思想多麼快就適應這個模式。再重複幾次後，一切都變成自動自發。你抽出「十號」，眼睛就直接轉向天花板。

第六，建立心靈畫面。做完抽號碼的練習後，放鬆十到十五分鐘，或做一件全然不同的事：閱讀、散步、玩填字遊戲、打電話，隨便什麼都可以。然後，不論你在何處，閉上眼睛，在心頭重現那個房間。慢慢向前數，從一到十，在心裡看見每件物品，然後倒著數回一，也要使每件物品浮現眼前。

最後，重複翻閱心理畫面的程序，但是這一次要加快速度。你會發現心靈畫面以極快的速度在心裡輪番出現。做這部分練習的時候一定要小心，因為房間快速旋轉的速度可能會使你頭昏。

做完這七個步驟，房間的布置就會永遠記在心裡，堅定不移，成為一個永久性的心靈抽屜，你可以把所有想記憶的東西都放進去。要真正了解這方法的威力，最好立即試用。你當然可以馬上用它來記憶任何一連串你想牢記的事物，不過如果你一時想不起什麼別的事物，我在此提供一份包括十個項目的清單。我們就以本章最後介紹的「十種腦力健身操」做例子。熟悉並使用這些步驟，對你整體的記憶訓練很有助益。

記憶成功貴在發生「關係」

接下來五個步驟適用於任何應用這一強大記憶技巧的場合。請參考本章末的「十種腦力健身操」，然後按照下面的步驟進行。

步驟1：

把要記憶的清單濃縮成最簡單的形式，通常只需一兩個關鍵字詞或觀念，具體的畫面或專注的經驗就會自然浮現。這就是「SEA視覺化」在發揮作用。不要將資訊「過份加密」，讓大腦自然地工作。例如，我把第一種腦力健身操濃縮成「書」，也就是「分析、批判的閱讀方式」。如果你在內心看見「書」這個字的畫面，就要停住。最起碼現在不要企圖添加更多資訊。雖然最好是由你自行設計清單，但先來試試我的例子：

1.「書」代表批判的閱讀
2.「左手」代表多使用非優勢的那隻手
3.「日記」代表寫日記
4.「填字」代表多做填字遊戲
5.「字典」代表擴充字彙
6.「大腦」代表多做記憶練習
7.「棋」代表多玩益智遊戲
8.「啞鈴」代表多做運動

9.「樂器」代表多玩音樂

10.「語言」代表學習一種外國語言

步驟2：

下一步驟就是用「聯想法則」，把清單跟你所在房間裡的物品連接起來。你一定得這麼做。聯想法則很清楚：任何兩件物品自然而然會有關聯。再看一遍你周圍這個房間，現在，在心裡，把一本書放在第一個角落裡那件物品上。以我為例，我看見一本書放在喇叭音箱上。接著來到房間裡的第二號位置對我而言是電視櫃把第二個代表物，也就是左手，放在上面。我看見自己用左手轉換電視頻道。再來是三號位置，對我而言是搖椅。我看見搖椅上有一本攤開的日記，上面有我的字跡。環繞房間以此方式繼續，把十種腦力健身操的代表物，逐一放在適當的位置上。

步驟3：

你把代表每個步驟的物品都放好的同時，要分析物品互動的方式。這往往能加深印象，因為你會提出何人、何物、何故以及如何等問題。有時你大腦邏輯的一邊會希望打消這意象，因為它沒有意義。例如，我為什麼會想在第八號位置的沙發上做運動？以我重達兩百磅的體重在沙發上慢跑，它一定會報銷。在沙發上慢跑，把它跑壞，會使原本就很有力的聯想更難磨滅，因為兩種意象互動產生了第三種意象。

當我說我在搖椅上看到自己攤開的日記時，你可能會聯想到類似的互動。你可能會問：「這人為什麼把攤開的日記丟在搖椅上？說不定他邊搖邊冥想，然後被人叫開了。我很想知道日記上寫些什麼。不知道他有沒有寫到我？我可以偷看嗎？或者我應該尊重作者的隱私？」

步驟4：

多用創意找尋加強關聯的方式。記憶成功靠的是生動、有力的關聯，而非重複的次數。比方說，語言跟吊扇有什麼共通之處？你可能會想像吊扇轉動的時候，上面放著一本外文教科書或錄音帶。或者，你可能看到吊扇上黏貼著一份用外國文字寫的安裝說明書。你可能注意到電燈泡製造商的名稱不清楚，電燈的熱力使上面的字跡褪色，看起來好像是用外國文字寫的。這麼一來，聯想就完成了。

看來這像是額外的工作。但事實上，你可以節省用於重複背誦你要記憶資訊的大量時間與精力。研究證明，即使把一份依序編列的清單重複看上十七遍，記住第六、七、八字的機率也只有七十五％，而且更重要的是，這是另一種培養想像力與創意的方式。

步驟5：

取出本章稍早提及，為了辨識房間裡各個位置所使用寫有號碼的小紙片，隨便從帽子裡挑一個號碼，看你是否記得跟這個號碼對應的腦力健身操是什麼。

你很快就會發現，你不但能按照次序記憶每一項內容，而且打亂次序也無礙，甚至倒背如流。

這整個程序只要十分鐘就能完成。我曾在北卡羅萊納州溫斯頓賽冷市郊一座小教堂裡介紹這套方法，並說明如何記憶十種腦力健身操，一位七十歲的老太太聽完後告訴我：「如果不是剛剛才親身體驗，我絕不會相信有這種事。」

擴增「記憶房間」

羅馬房間記憶法效果絕佳，因為它運用熟悉的環境。如果把浴室和車庫都算在內，我家有十個房間。所以我每天可以看到一百個位置，永不會改變而且印象不斷加深。我用大多數心靈房間來儲存短期保留的材料。例如我在報章雜誌上讀到五則或十則有趣或有價值的資訊，我想保留，就把它們放在一個房間裡。我家裡有幾個房間用作「永久儲存」，因為有些建議或思維太重要，不能忘記。好比我在樓上一個備用的房間裡，存放五種激勵生命的動機，以及五個追求生命意義的理由。

但我們不必侷限於自己家的房間，否則住小套房的人豈不就只有一、兩個房間可用。我把熟悉的親朋好友住宅的房間也列在我的心靈清單上，用它們存放永久性的材料。這些住宅包括：我和我外公外婆、我祖父母的家，這都是我成長的地方，還有我大學時代住過的三棟公寓，以及幾位好友的家。如果你住小套房，不必沮喪，利用大樓的門廳或辦公室都可用作儲藏室。任何地點只要你夠熟悉，都可以派上用場，甚至衣櫃也可以。一旦把這些地方放進記憶，就要經常在心裡重遊，可利用上下班通車或電視廣告的空檔，重新溫習存放在那兒的東西，這些場所和記憶都會成為你長期記憶的一部分。因為這方法非常有條理，所以你需要特定資料時，會清楚知道該去哪兒找。

如果你覺得房間很快就會不夠用，不必擔心。我們在第三章討論過，你的記憶基本上就像圖畫一樣完美。如果你有機會翻閱室內裝潢雜誌，最好是《建築文摘》，了解羅馬房間的觀念後，你不需要實際住過一個房間才能記憶它。我參加世界記憶冠軍賽時，在若干長達一小時的比賽中，我把需要記憶的事項放在很多個房間裡。例如，我必須照次序記憶一千個以上的數字時，我需要記憶至少二十五個房間。

神奇的是，我從來也沒進過這些房間，充其量不過是在紙上摸過這些房間而已。理由很簡單：心靈並不區分真實或生動的想像。在我心裡、站在門口觀察一個房間，或在紙上看到這個房間，也沒有差別。為了使這個房間歷歷在目，我在心裡替它撢灰塵（我太太會證實，我在想像中撢的灰塵比我實際撢的多）。我在心裡挑選一件合比方放在架上的花瓶，記住它的形狀、材質，並且在用心靈抹布擦拭它的時候體會它的觸感。如果是壁爐或掛在牆上的一幅畫，我也會拿著抹布去感覺爐台或畫框上的溝紋。再次強調，我會留心細節，仔細觀察房間裡的每個位置。有時我甚至用芳香精油或簡單地點一支精油蠟燭，幫助在心中確立每個房間整體的環境。**嗅覺是非常有效的記憶刺激劑，能使環境更鮮活。**應用這一項技巧時，你就會知道心靈與記憶是多麼廣大，因為每個月上架的新雜誌不計其數，裡頭刊登的房間圖片數量更是無法計數。

二〇〇五年三月，CNN播出採訪醫藥的資深特派記者山傑・古普塔（Sanjay Gupta）博士訪問我的節目。聽完我解釋「羅馬房間記憶法」後，他在攝影棚裡隨手指了十個位置。我從一副洗過的撲克牌裡抽出十張牌給他看，然後他把這些牌跟攝影棚裡那十件物品做聯想。整個過程花不到十五分鐘，旁觀這場體驗十分有趣。他很熱烈地說：「如果我做得到，任何人都做得到。」確實如此！

十種腦力健身操

強大的記憶幫助我們界定自己。但我們究竟有多少時間鍛鍊記憶呢？我們毫不考慮就會到健身中心去，在跑步機上跑三十分鐘，儘管哪兒也到不了。談到身體保健，重要的是過程，不是目的地。記憶也是如此，**研究顯示，每週做以下活動至少四次，罹患阿茲海默**

症的風險會比完全不做的人少。

1. **分析、批判地閱讀**：閱讀中途經常停下來提出問題。作者想說的是什麼？角色的名字叫什麼？他們的背景如何？他們之間有什麼關係？這對結局會有什麼影響？閱讀當中定期檢討，溫習事實、事件、角色的細節，常保新鮮，有助於強化記憶。
2. **多用「另外一隻手」**：記住，左腦控制你的右半邊身體，右腦控制左半身。如果你習慣用右手，試著用左手撥電話或刷牙。你會發現這麼做的時候幾乎一切都要重新思考。這樣的活動有助於強化認知銜接能力。
3. **寫日記**：我們已經討論過寫日記對了解你如何記憶很有幫助。更有甚者，把事情記下來時，我們會組織思路，用對我們自己，和對所有我們願意分享日記內容的人有意義的邏輯訴諸文字，這會使我們的思考方式更嚴密。
4. **填字遊戲**：遊戲的程度不必特別困難。這麼做是為了訓練你的左腦以邏輯方法處理解謎的線索，然後右腦會綜合這些線索，踏入科學家所謂「啊哈！」的境界。以核磁共振造影記錄，謎題揭開時，大腦右側會忽然閃爍。
5. **擴充字彙能力**：字彙擴大能提升創造力，並有助破除往往是由特殊術語建構的社會與商業障礙。更重要的是，豐富的字彙幫助你把複雜的思想與觀念凝聚成簡單的字句，使你能對周遭的世界加以闡釋。充實字彙的目標不是炫耀，而是解釋。

6. **改善記憶力**：當然，這是我們已經在做的事，但除了本書介紹的以外，還有更多的記憶遊戲和練習。孩之寶（Hasbro）出品的賽門（Simon）遊戲就是很好玩的記憶訓練。

7. **學習各種棋類或益智遊戲**：這類遊戲能促進我們的空間意識、邏輯、辨識模式的能力、想像力及創意。

8. **運動**：沒錯，體能鍛鍊很明顯能提高心智能力。固定做有氧運動的人表示，他們做計畫變得更容易，注意力更集中，壓力也減輕了。

9. **學一種樂器**：你不需要立志組搖滾樂團，只要接受學習一種樂器的挑戰就行了。以音樂家為對象的大腦細胞研究顯示，他們每個神經細胞有多達一萬個的樹狀突，這對證實了人們學習閱讀、解釋、玩音樂有多複雜。

10. **學習語言**：再次強調，你不必立志把外國話說得多流利。學外語會用到包括詞彙、聆聽技巧、想像、閱讀等多種大腦技巧與區塊。

第七章

記住你是誰

承認吧，最令我們尷尬不安的，就是當我們跟某人面對面，卻忘記對方名字的時刻了。我不知道忘記名字與叫錯名字之間，何者較失禮。英文人名不好記，因為它很隨興，跟我們的個人特徵無關。

以我自己的名字為例，我不是個正牌蘇格蘭人，我也不住在即將被砍伐的樹林裡。（譯注：作者的名字Scott Hagwood從字意解釋，Scott同Scot，即蘇格蘭人之意，hag是待砍伐的樹木，Wood做為地名的一部分代表樹林之意。）我認識一個名叫湯姆·貝克的人，他是本地紡織廠的機械工程師，喜歡打高爾夫球，也愛看籃球賽。但如果你剛認識他，很可能對這些事一無所知。然而，如果他告訴你，他開一家麵包店，你對他的了解就立刻增加許多。這就是心理學家所謂的「貝克／麵包師傅弔詭」（譯注：貝克與麵包師傅的拼法均為baker）。貝克這姓氏沒有意義，但麵包師傅一詞卻直接匯入你長期記憶的資料庫。

「貝克麵包師傅弔詭」記憶法

我們等一下要用這弔詭幫助你記憶人名，不過我首先要你明白，其實你認識很多你不知道自己認識的人。我們要編一份常見人名表，看看它能否啟動你的記憶線路。

第一步，趕快到塵封的儲藏室，翻出你的高中畢業紀念冊。你人格形成的那段歲月大部分時間都耗在學校裡，跟幾百個你自以為已經忘記的同學朝夕相處。重溫學生時代的相片不僅使「遺忘的」記憶如潮水般湧現，也能讓你對自己真的認識很多人一事比較有概念。這是很好的暖身運動，因為你是用熟悉的名字搭配熟悉的面孔。

第二步，下次你到書店或圖書館時，記得翻一下那種收集嬰兒名字供命名參考的書。不必買，只要花幾分鐘翻翻就夠了。雖然書上會有很多你從未見過的名字，但也會有數量驚人的名字，勾起許多你根本沒想到自己會記得的回憶。值得注意的是，這種情況出現的時候，每個熟悉的名字通常每次都只讓你聯想到一個人。這是心靈運作的典型方式：一次一個念頭。你不必等待你認識的每一個詹姆士浮上心頭，直接看下一個名字，通常其他叫詹姆士的人陸續會出現的。

再來呢，本章附表上列了二十個美國一九六三年最受歡迎的名字，這份名單來自美國社會安全局（如需更詳盡的人名表，可以上美國社會安全局網站，www.ssa.gov，然後點選「社會安全局提供最受歡迎人名表」（Social Security Delivers the Most Popular Names）即可」。這些都是你認識的人最可能取的名字，而且認識很多同名的人也有助記憶，原因會在後面說明。

如果你上網，也可以到美國人口調查局的網站，www.census.gov，點選「家譜」（genealogy）。你會找到根據最新戶口調查結果決定的美國前一千大常見姓氏排行榜。將它列印出來，跟你的日記本收在一起。

最後，你在書店或圖書館翻一下《人民年鑑》（*The People's Almanac*）。這本內容豐富的資料集錦，蒐集了電影明星人名表、歷年奧斯卡金像獎得主名單、深受喜愛的電視節目與樂壇偶像，可說是一本如假包換的娛樂界名人錄。記住，所謂你「認識」的人不僅限於職場同事或有私交的人。你也「認識」珍妮佛安妮絲頓（Jennifer Aniston）、荷莉貝瑞（Halle Berry）、妮可基嫚（Nicole Kidman）。（這樣的名單是否透露編纂的人是男性呢？）

完成這幾種相對而言非常簡單的練習後，我想你應該承認你認識的人遠比你原先以為的多，但更重要的是，你剛用神經元編織了幾面網，把腦細胞排列成特定的形式，使你可以用心靈之眼「看見」一個人。這是學習記憶更多人名與臉孔一個很重要的基礎。打個比方，你就像是小島上的漁夫。你編織了神經元的網，拋到海裡捕撈姓名和臉孔。

開始做下面的練習之前，我要你想一想，當你第一次被介紹給某人的時候，會用什麼樣的心靈工具創造環境。你可能不知道自己在做這樣的事，但是你確實這麼做過。那個環境是記憶人名的關鍵。如果你能重新呈現第一次創造記憶時的氛圍，記憶的能力就會大幅提升。

初見面的環境裡包含哪些成份？答案因人而異，但幾乎可以斷定，絕大多數人第一次跟別人見面時，都會微笑。你可能伸手表示願意跟對方握手。如果你特別熱情，可能還同時伸出左手勾住對方手臂。如果在好萊塢，你甚至可能擁抱對方。

最後，你們通常還會說幾句話。可能是「幸會」這麼簡單的短句，也可能試圖打聽較多細節，像是：「您在哪兒高就？」、「您住附近嗎？」或「您不就是莎麗的母親嗎？」

創造與人連結的實質環境時，你會有意識或潛意識地做一些與對方有關的心靈筆記。通常那個人最引人注目的特徵，會構成第一筆記錄。可能是他的眼睛、頭髮，甚或聲音予人的第一印象，但一定是你覺得對方最值得注意之處。所以，「初次見面的環境」通常包括微笑、握手、幾句客套話，以及你心中對這個人的評價。

下表是一九六三年美國最受歡迎的名字，男孩、女孩各十個。請你看著每個名字，想

一九六三年美國十大常見的嬰兒名：

男性	特徵	女孩	特徵
麥可（Michael）		麗莎（Lisa）	
約翰（John）		瑪莉（Mary）	
大衛（David）		蘇珊（Susan）	
詹姆士（James）		凱倫（Karen）	
羅伯特（Robert）		琳達（Linda）	
馬克（Mark）		唐娜（Donna）	
威廉（William）		派翠西亞（Patricia）	
理查（Richard）		蘿莉（Lori）	
湯瑪士（Thomas）		珊卓拉（Sandra）	
傑佛瑞（Jeffrey）		辛西亞（Cynthia）	

像一個你認識同名的人。寫下這個特定人物的幾點特徵，像是頭髮顏色、眼睛顏色、體格、工作、嗜好或興趣。如果一時之間想不到任何人，不用擔心。本章會介紹其他有助擴大人名資料庫的練習、策略與提示，而且說不定做完這個練習幾分鐘後，你就忽然想起很多同名的人。我們會進一步討論這個奇怪的小現象，但目前你只要記得這種事很常見就夠了。

做這個練習時，你可能一時之間想不起認識的人有誰叫麥可的，但是在你思索認識的人當中是否有羅伯特時，可能就會有一、兩個麥可闖入腦海。之所以會有這種現象，是因為你在腦子裡搭起的神經元網，得花一點時間才能捕捉到所需的名字。這過程像是軌道上的火車，你把火車開上麥可軌道，沿著鐵軌行駛時，會有許多個麥可爬進車廂。他們聽見火車駛來，得花幾分鐘衝到軌道旁。只要你固定做這個練習及其他類似練習，總有一天火車客滿的程度會讓你難以置信。

記名字的五種技巧

1. 聯想：同名法

記憶人名的祕訣就是有效利用「聯想法則」。還記得任何兩件事物都可以聯想在一起嗎？竅門就是找一個最好、最有效的方式，把新名字跟已經安全存進你記憶的另一件事物連結。

最好用的一種聯想方式，我稱之為「同名法」。我們遇見的每一個人都有千百種特徵，將它們綜合在一起，每個人都顯得獨一無二。但拆開來看，大多數人都有很多共同的特徵。你一定認識很多人有相同體型、某種小習慣或說話方式、從事類似的工作或投入同樣的興趣，這就是記憶名字的關鍵。每當你新認識一個人，就要找出這個人跟你認識的同名者可聯想在一起之處，不論什麼樣的聯想，都是幫助你立刻把新認識的人存入記憶的線索。不必標新立異出怪點子，只要順著第一個意念發展就可以了。

假設你被介紹給一個名叫艾希莉（Ashley）的小姐好了。你注意到她很瘦，頭髮剪得很短，黑眼睛，笑容燦爛，臉部表情豐富。女影星艾希莉・賈德（Ashley Judd）也有類似特徵。剛認識的艾希莉或早已認識的艾希莉，很容易聯想在一起。

做聯想活動時必須牢記一點：盡可能簡化！用最起碼的組合完成聯想即可。上面的艾希莉例子中，只需她的名字和髮型就夠了，其他資訊只是附帶參考，除非在複習時發現忘記她的名字。那麼，只有在這種情形下，你可以用她的笑容、臉部表情或其他特徵，強化最初的聯想。把附帶參考的資訊編織在原始線索的周邊，使記憶之網更牢固。

這個例子再次證明大腦的效率好得出奇，只要很少的資訊就能「想起來」。

2. 雷斯多夫效應

有時記憶名字用別種方法會比「同名法」更有效率。這通常適用於取了不尋常名字的對象，像是堪蒂（譯注：Khandi發音如Candy，這拼法較少見。作者應該是想到美國電視女星Khandi Alexander，她曾參加《急診室的春天》及《CSI犯罪現場：邁阿密》等影集演出。）或我最喜歡的那個例子，明天．休斯。這樣的名字鶴立雞群，不需要任何聯想。光靠「雷斯多夫效應」就夠了。

3. 無中生有法

「好吧，就算你見到的這個人名字一點也不特殊，你的心靈資料庫又找不出任何可供聯想的同名人士。沒問題！你還是可以靠大腦找出別的既有模式加以利用。模式這種東西，可以借用現成品的時候，千萬不要浪費時間發明新的。你的「載客車廂」只要轉轍換軌，就能到別區去取得材料。

我最近認識一位名叫葛拉罕，斯伯丁（Graham Spalding）的先生。他的姓氏很特殊，讓我猜測他可能跟生產體育用品的斯伯丁公司有關。我這個人畢生最大的樂趣就是打好一局高爾夫球，斯伯丁公司有高爾夫球棒與球的產品。但我犯了個常見的錯誤，我被引介給葛拉罕．斯伯丁的時候，滿腦子還想著前一段對話，所以沒聽見他的第一個名字。幸好我聽見別人叫他葛拉罕，所以知道他的全名。我必須把這名字存進記憶。我轉換心靈軌道，到另一個資料庫去找尋葛拉罕這名字。網際網路搜索引擎也以類似方式運作。第一個浮現心頭的葛拉罕是一種我祖父常吃的餅乾。（譯注：grahann意為用全麥麵粉做的食品，graham cracker是用全麥麵粉做的長方形薄脆甜餅乾。）我依稀看見他坐在餐桌前，面前擺著一疊餅乾和一杯牛奶。我用聯想法則想像葛拉罕先生正大口嚼全麥餅乾，畫面就完成了。

當然，如果你不知道全麥餅乾，我的例子對你就不適用。這種餅乾仍然買得到，但因幾乎沒有廣告宣傳，年輕消費者可能從未聽過，所以不要勉強模仿我的例子，把你的心靈列車往前開，尋找別的素材來搭配斯伯丁先生的名字。

這樣的搜尋可歸類為我所謂的「無中生有法」。我們可以截取部分來建構完整模式。正好斯伯丁先生把一頭灰髮中分，梳得很整齊。灰色（譯注：gray一字發音如「葛雷」。）跟他名字有同樣的開頭音節。葛雷，葛拉罕，關鍵是發音，與畫面無關。如果要記憶的名字音節更多，連結的可能性還會以倍數增加。

一九九〇年美國排行前十大常見姓氏

史密斯（Smith）	戴維斯（Davis）
強生（Johnson）	米勒（Miller）
威廉斯（Williarms）	威爾森（Wilson）
瓊斯（Jones）	摩爾（Moore）
布朗（Brown）	泰勒（Taylor）

4. 只記姓氏法

此外，還有一種「只記姓氏法」。現代社會風氣不重形式，一般人來往時互相稱名而不道姓。如此一來，我們的人名資料庫裡名的存量可能比姓大得多。但某些情況下，基於禮貌，我們還是有必要稱呼別人史密斯先生或瓊斯先生，所以記憶姓氏的方法還是得學習。好在記憶名的基本原則也適用於記憶姓。

一開始，先熟記大量姓氏。下表列出根據一九九〇年人口普查的美國排行前十大常見姓氏。你可能也要把你的朋友和所有日常接觸對象的姓氏都列入。再翻翻《人民年鑑》，把安妮絲頓（Aniston）、貝瑞（Berry）、基曼（Kidman）、克魯斯（Cruz）、康納萊（Connery）等名字也加進去。你會發現姓氏表的效果跟人名表類似：

如果某個名字因某種緣故特別引人注目，而啟動「雷斯多夫效應」，問題就很簡單了。你也可以把一個名字拆開，挑出能引起注意的部分來建構神經元網路，加強它的雷斯多夫效應。例如，遇到姓派特森（Patterson）的人，可注意他的肢體動作，觀察他（她）是否有用手或腳打拍子（pat）的習慣。隨時留心類似的大腦模式以便設計連結。

如果你不確定要用對方的名或姓，基於禮貌考量，最好以姓為主。這樣你可以說：「亞歷山大小姐，真是幸會。」然後等著看她會不會提議你直呼她芭芭拉就好。這樣你就有機會聽到她的名兩遍，加深記憶。

5. 打包：姓名結合記憶法

另外還有「姓名結合記憶法」。但是要小心使用！這個方法比你想像的困難。因為一般人習慣把名和姓視為各自獨立的資訊，同時儲存二者，等於賦予心靈雙重任務。我們在第八章會談到，**同時做太多事會分化大腦資源，導致效率低落、壓力、記憶系統短路。**更何況，在脆弱的神經元網路中塞進太多資訊，很容易把它撐破。

最有效的解決之道就是把名和姓整合在一起，不再各自為政，而是一個多音節的長字。例如「珍妮佛安妮絲頓」寫成 jenniferanniston、荷莉貝瑞寫成 halleberry、湯姆克魯斯寫成tomcruise。這種方式叫做「打包」（chunking），使你只看到一個畫面，從畫面只聽到一個聲音。

對我而言，使用這個方法有一大挑戰，因為我習慣先記憶別人的名，然後才記憶他們的姓，或反過來，先知道姓，後來才知道名。我必須改掉這種長期以來的習慣。不正確的初始學習很難克服。我經常不由自主地偏頗名或姓。以葛拉罕・斯伯丁為例，我覺得他的姓很容易轉換成意象，但要記住他的名卻得另費一番功夫。

把資訊打包成多音節字的好處是提高效率。音樂片《歡樂滿人間》（*Mary Poppins*）裡有一首歌，歌名是個長得不得了字「Supercalifragilisticexpialidocious」，看過的人可能還有印象。讓心頭浮現女主角茱莉安德魯絲（Julie Andrews）帶著孩子們唱歌跳舞的畫面，可能遠比把這個字拆散成十四個單音節字或意象容易得多。

在此我必須承認，我很少用打包的方法。我寧可把名和姓分開記憶，**通常我會從看起來比較醒目的部分開始記憶，最後再用一個意象把兩者連結在一起**，就如同我處理葛拉罕・斯伯丁的名字一樣。這麼做比較費時，但我會把重心放在強化連結上，並調度全部心靈資源來執行這份工作，盡可能不冒資訊超載的險。

複習加深記憶

再來，我要幫你節省很多時間。一般人似乎認為必須複習和重述很多遍，才能把人名牢記心中。甚至有一派觀念要求你盡可能多說對方的名字。「幸會，莎拉。妳來這兒多久了，莎拉？妳為什麼那樣看著我，莎拉？妳覺得還好吧，莎拉？你在逃避我嗎，莎拉？」

一派胡言！

記憶的程序分為三個階段：接收、保留、回憶。假設你第一次參加某種社交聚會，社團的成員都熱情款待你，那麼你再次受邀的可能性就很高。記憶也是如此，**接收強度與回憶機率成正比。**

注意哦，我可沒說「一定能回憶」，因為還有另外三種因素必須列入考慮：時間、注意力、要記憶的人數多寡。時間擦拭記憶的威力強大無比，但得有東西可以擦拭。我跟斯伯丁先生見面時，把注意力集中在他的姓氏上，卻分心把他的名拋在一旁。我不夠專心。我想這就是大多數人記不住人名的原因。我們分心了。

另一個有礙記憶人名的原因是我們沒有聆聽。為什麼？不客氣說句老實話，因為我們忙著思考怎麼跟他們應對。我發現如果我抱持著僕人的心態，在跟人第一次見面時，心裡只想著：「我有什麼可以為你效勞之處？」就能把注意力焦點從自己轉移到對方身上，這麼做幾乎可以立刻消除內在雜音，使我能用心聆聽對方要說的話。

最後一點，保持眼神接觸一段適當的時間。你當然不能兩眼發直盯著人看，嚇壞對方，但也不可以馬上把眼神轉開。我注意到大多數自覺不善記憶名字的人，在最初見面那幾秒鐘內，都不懂得掌握眼神接觸的契機。

第五章「刻意練習的藝術與科學」中提到，時間塗消記憶的速度極快。為了打消擦拭效果，一定要複習名字。問題是要複習幾遍？答案是，得看情況。抱歉，我並不想給這麼不明確的答案，但事實真的是這樣。有時候，你對第一次見面的人做的視覺連結和聯想十分強大，只要把他的名字重複一遍，就永遠不會忘記。例如：「天啊，我跟莎拉·貝爾是同學，若說妳是她妹妹，我一定相信。」

當然，新認識的人竟然跟多年以前的老朋友同名同姓，這是簡直不可能出現的好運氣。所以還是得在此介紹我記憶人名的方法，你可以視需要做些修改後使用。

我會事先決定，對於介紹給我的人，要記憶名或記憶姓，或兩者都記。我常有機會跟人數眾多的團體打交道，這時記憶名比較方便。在人較少而親密的場合，我嘗試名和姓一起記憶。如果我遇到的團體有好幾對已婚夫婦，我就專心記憶姓，那麼需要記憶的名字就少了一半。

被引介給一個人的時候，我一聽見對方姓名，就會立刻把整個名字重複一遍。你知道，這麼做可以解決注意力不集中的問題，因為你理所當然得專心注意這個人。但可別以為你把人家名字多聽一遍就會存進記憶。取出新存入資訊所需的時間，幾乎總比初始接收花的時間久，通常約為三倍的長度。你的大腦處理這筆新資訊需要好幾秒鐘。

十五秒到三十秒過後，複述一遍那個名字。如果你發現想不起來，還來得及，在互相熟識的過程間才剛開始，你可以客氣地請對方再重複一遍。如果你成功複述了名字，隔三十秒再做一遍。如果你能複述那名字兩遍，學習階段就算完成了。

三五法則：五分鐘內重複三遍

但把名字納入記憶的程序還沒有結束。第五章提到的遺忘曲線告訴我們，只消二十分鐘，遺忘的新資訊可多達四〇％。時間迫不及待要擦掉你腦子裡的新記憶。名字因為隨興，所以對時間特別敏感。你可在遺忘曲線上任選一個時間點，我選擇的是在五分鐘後複習。我稱之為「三五法則」（五分鐘內重複三遍）。這應該足夠你把新朋友的名字記住一整天，也就是二十四小時左右。想把這名字記得更久時，我會利用第五章介紹過的複習頻率。

你可能會驚喜地發現，你在同一時段能記憶的名字不只一個，而是三、四個。例如，你可能陸續被介紹給約書亞（Joshua）、安德魯（Andrew）、艾蜜麗（Emily）和漢娜（Hannah）。你重複他們名字只花五到十秒。這兒有個為自己多爭取幾秒鐘的竅門，就是**向你剛認識的人之中的一個，提出一個問題，並且在問題中提到她的名字。**但要小心！如果這期間你又被介紹給另一個人，你的心靈磁碟可能會因負荷太重而當機。

心理學家斷言，我們任何一段時間能記憶的資訊在五到九位元之間，平均水準是七位元。他們指出，這就是電話號碼以七位數為主的原因。但聽人大聲唸出他們的電話號碼，涉及的不只七個隨機數字而已，還包括節奏與斷句模式。假設那個人跟你同一個區域號碼，他通常先唸三個數字，頓一下，然後才唸完剩下四碼。你收到這筆資訊，也以同樣模式編排：231-7896。一般人背誦或記憶數字都有一定模式，包括社會安全號碼——亦即前三個數字，停頓，接下來兩個數字，停頓，最後四個數字。我恐怕一輩子也記不住我女兒的社會安全號碼，因為她從不在正確的位置斷句。她先唸前四碼，停頓，接著三碼，停頓，然後最後兩碼。

人名有時很難記憶，所以最好保守一點，不要企圖一次記五個以上的名字，超越記憶極限。若想確認自己在同一時段可以輕鬆認識的人數上限，最好的辦法就是試做下面這個測驗：

首先，打開電視，選一齣你不常看的連續劇，從頭開始看二到三分鐘。注意螢光幕上打出的演員表，但必須是演員的臉孔和名字同時出現的那種。等第一次廣告時間，測試自己記住了幾個。你可能覺得臉孔與名字閃過的速度太快，所以剛開始做的時候，只要要記住頭一、兩個名字就好。如果你在廣告時間的複習表現良好，下次可以再加碼，以能叫出他們所飾演角色的名字和他們自己的名字為目標。

其次，如果你看的是《法律與秩序》（*Law and Order*）或《CSI犯罪現場》之類每週更換角色的節目，在客串演員自我介紹時要記住他們的名字。大聲說出他們的名字，好像覆誦給他們聽一樣，然後隔十五秒至三十秒，再說一遍，五分鐘後還要再做一遍。你可能發現有必要把間隔時間縮短。沒問題。

接著換到新聞頻道，收看國內或國際新聞。注意採訪記者的名字，主播通常會播報每則新聞採訪記者的名字，他們的名字也會顯示在螢光幕上。記者結束報導時，通常會再報一遍自己的名字。這並不完全符合我的「三五法則」，但你還是在相當短的時間裡接觸了同一名字三遍。

趁電視機開著，報告地方新聞時你可轉台到氣象頻道。這裡的主播都很擅長介紹自己的名字。每次廣告過後，他們的名字會再顯示一次。這麼做的好處（或壞處）是你同時被介紹給兩個人。同時處理兩組不同資訊可做為很好的量表，測知你能否輕易打包資訊，或循序漸進的學習法比較適合你。

暫時關掉電視，把注意力轉移到日報，尤其是有本地商界主管參加推廣活動或新聘員工報導，並刊出照片的版面。也要注意保險公司或房地產廣告中，好幾位經紀人合照的圖片。你有沒有注意到，照片是黑白或彩色，對你的記憶力有影響？

翻閱報紙的時候，看一看最近上映新片的影評。特別注意每部片子由誰主演，看看你是否光看名字就能想起明星的臉，然後試著回想你看過他們演出的其他電影。

最後，我們來做點實際練習。下次你去到那種店員戴名牌的賣場或五金行，利用本章稍早介紹的方法，把名字跟臉孔連結。繼續購物五分鐘後，再繞店走一圈，看看你是否還記得那些名字。這是一種很棒的無害練習，你不必擔心忘記人家名字會傷感情。

下次你去餐廳或銀行，注意一下為你服務的人員叫什麼名字。為他們提供的服務向他們道謝，並提到他們的名字。這有助培養稱呼別人名字的好習慣。

運用「小團體策略」記住一群人

雖然我警告過你，不要嘗試一次記憶五個以上的名字，但我們遲早會陷入某種大型職場或社交活動，幾十個人在那兒穿梭，其中很多我們都不認識。別慌張！一口氣記憶很多人名，等於使用「小團體策略」，並把它重複很多遍。曾有一家分行遍布全美的銀行在廣告中宣稱，他們並非每年處理十億張支票都不出錯，而是完美地處理一張支票，然後把處理過程重複十億遍。處理很多個名字與臉孔時也要這樣。

理論上，如果沒有時間限制，我們可以記住無限多個人，但實行起來並非如此。我們的時間有限，所以能記憶的人數也有限。上限在哪兒？如果你能在十五分鐘之內記憶一百個人的名，在世界記憶錦標賽中拿一塊獎牌大概不成問題，在美國參賽也一定名列前茅。用數學除一除，大約一分鐘六個人。

練習時要把每分鐘六個人的目標牢記心中。用我們剛做過的若干練習，取得大量人名，然後依照下列步驟進行：

1. 重複使用「小團體策略」，記住第二組人名。這部分完成時，你的短期記憶就存了八個人名，他們會逐漸轉移到你的長期記憶。
2. 停一下。再次默誦你截至目前見過的每一個人的名字，然後把次序顛倒，重複一遍。如果成功，就可開始記憶下一組的四個人名。如果不成功，停一下，放輕鬆，按照你遇見這些人的次序複述每個人的名字。
3. 再次重複「小團體策略」，直到你的現行記憶裡有十六個人名為止。五分鐘內記憶十六個名字是很困難的工作。如果情況許可，十分鐘之內不要再記住任何人的名字。否則，可能發生我們最擔心的資訊超載，使你的硬碟當機，刪除你剛才記住的每一個名字。

到現在為止，我們談的都是記名字的核心策略，這些技巧本身就能使你擁有驚人的記憶力。但你結識新朋友前後，還可以用幾個額外的步驟，加強這些基本策略的效果。先看看你在抵達社交或工作相關大型活動的場合前，可以採取哪些行動，為會見新朋友做準備。

第一步，把大腦細胞調整成方便叫出已儲存名字的模式。**出門前，取出你的常見人名表，以及常見姓氏排行榜，看幾分鐘。**這可以在你抵達派對或餐會前，為大腦做記憶新名字的準備。

如果你野心勃勃，在參加公司或業界活動時，一進門就叫得出每個預定與會的人，而且對他們的專長、住哪個城市、職務都如數家珍，一定會給所有人留下深刻印象。**會議舉行幾天前，可以向主辦單位索取預定參加者的詳細名單，上面會列出他們的職務。**通常這份名單會依照姓氏的英文字母排列，對記憶大有幫助。

其次，**利用「羅馬房間記憶法」技巧**，為這個場合在心裡保留幾個房間。如果有三十個人與會，就想像三個房間。如果你雖非每個人都認識，但已認識其中幾個人，不要把認識的人包括進來。你複習名單時，把每個人依序安排在房間四周。例如假定名單上有位湯姆·蘋果，就想像某個你早已認識的湯姆在第一個位子上。如果接下來那位名叫莎拉·貝爾，想像某個你認識的莎拉在第二個位子上。你沒記憶他們的姓氏無所謂，因為這個練習的目標是不拘形式的熟悉感。你跟湯姆·蘋果第一次見面時，聯想法則已經在運作，你可以很快把這個湯姆的特徵跟你先前認識的湯姆連結在一起。這個練習做熟以後，姓氏和其他細節自動會各就各位。

如果你有額外的資訊，可以把它們加在你的心靈意象中。例如假設莎拉是電子部經理，想像你先認識的莎拉正在敲計算機，或你看到這個職位時想到的第一個意象。

利用這技巧，很快就可以記住名字與臉孔，你也會知道誰是原始名單上的來賓。這可做為很好的話題引子：「哦，比爾，我沒看見名單上有你的大名。這是你第一次參加嗎？」

這種方式立刻產生「加值」作用，因為對方直覺知道你是有備而來。而且你在人名資料庫加入愈多人，就愈有可能在一天結束之時還記得這些人，並把有關他們的印象寫進筆記。你的智力和組織力能巧妙利用這些技巧，收到驚人效果。

你也可以對開關係網路做更好的準備。如果你知道一個人的職位，對他的工作內容就會稍有概念，早在見面之前便能準備適當的問題、想法或點子。

活動結束，離開會場，可別以為這樣就算大功告成，你還有些記憶工作要做。如果你在會議中沒有拿到新認識的人的名片，要把他們的名字寫在筆記上。簡單描述你在哪裡見到他們，如果可能，再寫一兩種與他們有關的提示。我發現幾年後重讀我的筆記，那些人的臉都幾乎能立刻浮現在心頭。

接著，對剛認識的人做「一的法則」練習。你一定要在第二天的一開始、一星期後、下個月初，以及三個月後，複習每一個名字。這只花幾分鐘，但記憶力（尤其是記憶人名與臉孔的能力）改善的報酬，絕對讓你值回票價。

此外，每逢新學年開始，從事教育工作者可以把這技巧稍做修正。首先，開學前先取得全體學生名單。老師用來蒐集姓名與臉孔的心靈圖書館，可能比從事任何其他行業的人都來得大。剛開學那幾天，依姓名字母序為學生排座位。上完第一天課，回家複習名單。在名單上註明哪些名字不能立刻想起來。這在你下次看見他們時，往往就是很好的記憶輔助，因為我們會把第一次忘記的人記得更清楚。你會發現你記憶名字的速度以倍數增加。

搶救記名字大作戰

想不起來迎面而來的那個人的名字，或更可怕，他已經站在你面前，怎麼辦？我用下面這些方法解決：

首先，別慌張。我們第八章才會討論壓力過大對記憶造成的破壞，但你應該承認並樂見少許的壓力。處於我所謂的「警覺狀態」有益無害，因為這能幫助我們專心，就像早晨的第一杯咖啡，讓緊繃的心情為你工作，因為你知道你的心靈已經在資料庫裡搜索正確的名字。你處於警覺狀態時，也會透過下意識感知並挑選在其他狀況下，你不會注意到的語言之外的線索。你經常發現，當對方走進交談距離時，他的名字會突然浮現。這是因為心靈會從環境裡找尋能觸發回憶的線索，所以「羅馬房間記憶法」的效果才會那麼好：環境永遠不會改變。那人走過來時，大腦就開始重建你上次跟他說話的環境。

好吧，就假設這次名字沒出現。別擔心，放輕鬆，在那個人走近時把注意力集中在談話內容上，或開個玩笑。雖然少量的壓力有好處，但輕鬆的心情卻有助喚回記憶。微笑，盡量多笑。想到上次在哪兒看到這個人了嗎？這通常會使名字鬆動。如果不行，寒喧幾句，問候他工作是否順利等，這可能提供刺激記憶的資訊。

還是不行嗎？在心裡把二十六個字母默唸一遍，但只做一次就好。你的大腦已經在高速運轉，說不定已經在潛意識層次做過一場大搜索。你用意識複習字母，正確的字母會引起你注意，然後名字就出現了。

最後，把注意力完全集中在其他事情上。我知道，這就像我叮嚀你不要想紅色一樣，很不容易做到，但如果你能把注意力從找尋名字轉移開，往往名字就會跳出來。那是因為潛意識一直嘗試給你線索，但你心思都放在回憶上，以致無法解釋它發出來的訊號。有多少次，你在路上開車或做一件完全不相干的事情時，忽然想到那個名字。

當然，如果你要回憶的名字屬於團體的一份子，轉移注意力會有幫助。有時別人會在交談中說出你想要回憶的名字。「蘇珊昨天才提到那件事。」蘇珊！對了！

為因應這種狀況做準備，你得利用「羅馬房間記憶法」熟記「百大常見人名」中的前四十個——男性二十個，女性二十個。把男性名和女性名安排在不同房間，排列秩序不是根據常見的頻率，而是照字母排列。如此一來，當某人站在你面前，而你在心裡複習名單時，可以改善秩序，加快速度。有時我們之所以忘記別人的名字，是因為那個名字相對而言太普通，而大腦卻經常在找尋獨特與新鮮。這工作比你想像的容易，因為你現在已經知道，藉助一兩遍複習記憶十件物品非常容易，把熟悉的臉孔放在熟悉的地方也很容易。

相信我，教會你記名字比你學會記名字要來得久。

第八章

記憶之敵

不意外地，經常有人問我太太，跟一個什麼都記得的人共同生活感覺如何。「我怎麼知道？」是她的標準答案。

確實如此，我忘記的東西不勝枚舉，但自從我研究記憶和它的運作方式以來，遺忘一事就不再令我沮喪，反而引起我很大的興趣。我非但不會因為忘記某些事而苛責自己，反而自問：「我為什麼忘記這件事？」時光流逝當然是一個因素，但我發現還**有其他因素在干擾記憶：壓力、睡眠不足、注意力不集中。**

壓力是記憶的頭號大敵

時間也許是記憶的頭號大敵，但起碼它很溫和，只是慢慢擦拭，幾乎不引人注意；壓力卻是記憶殘暴的敵人，而且具殺傷力。過度壓力會損害大腦的某些區域，破壞細胞，妨礙接收，阻遏回憶，改變大腦結構與功能。壓力壓抑新神經元的製造，並使既有的神經元收縮。更可怕的是，研究證明，長期壓力會對身體造成長期傷害。

二〇〇三年四月，我到佛羅里達參加一場記憶研討會後，飛回北卡羅萊納，途中經過亞特蘭大，這兒是搭乘達美航空非經過不可的航線樞紐（曾經有人說，連下地獄都要飛經亞特蘭大），安檢十分嚴密。我前往登機門途中，必須在好幾個檢查站出示駕駛執照。好不容易終於通過最後一個檢查站，我沿著走廊向前走，煎熱狗的香味提醒我肚子餓了，於是排隊購買七美元一份的熱狗，外加一杯健怡可樂。我掏出錢包付帳時，竟發現駕照不見了，但我沒有馬上緊張起來，只假設通過最後一次安檢後，把它放在別的口袋裡，但是沒有，它並不在別的口袋裡。

這下我開始擔心了。我想一定掉在走廊上，急忙循原路往回走，還是沒找到駕照。我走到最後通過的那個檢查站，向穿制服的警衛查問有沒有撿到我的駕照沒有，也沒有人把它送去失物招領。

我的駕照就這麼蒸發了！我在走廊上走來走去，心情愈來愈慌亂，沒有駕照我不能回家，那是我唯一有照片的證件，我必須在登機時出示，讓地勤人員檢查。我三番兩次回失物招領處詢問，卻毫無結果。機場廣播了幾次，也都沒有回應，我甚至沒法子租車開回家。我覺得好沮喪、憤怒、慌張。就在最後一次登機通告前，我坐下，做了一段禱告、冥想，試著緩和那種大禍臨頭、驚慌失措的心情。

待心情稍微平靜，我再去巡了一趟走廊，第一次注意到有個一直在那兒的垃圾桶，忽然我想起第一次通過這段走廊時，伸手到背包裡取出一份租車地圖，把它扔掉。難道駕照夾在地圖裡，一起扔掉了嗎？我無視旁人詫異的目光，開始翻垃圾桶。果不其然，我的駕照就躺在垃圾桶底，壓在丟棄的熱狗包裝紙、咖啡杯、報紙底下。

怎麼會有這種事？我曾以顯微鏡的層次描述記憶，那是一種將神經元排列成特定模式的化學反應。我把這過程想像成神經元組成來捕捉記憶的網。但壓力會在網上打洞，將它撕裂，讓某些經驗掉出去。**研究證明，我們承受莫大壓力時，會釋出過量賀爾蒙，干擾與神經元的化學連接。**接觸過量的賀爾蒙，樹狀突開始收攏、凋萎、縮回，連接就會被打亂。《新英格蘭醫學學報》（*The New England Journal of Medicine*）有多篇研究報告也指出，持續幾個月或幾年的長期壓力能殺死神經元。

有些研究者認為，壓力可能對大腦與記憶力密切相關的特定部位有更大的影響，包括海馬迴在內。分泌過量的壓力賀爾蒙能導致大腦的這部分萎縮。這個海馬形的構造在現行記憶轉存為長期記憶時扮演主要角色。海馬迴受損會阻礙長期記憶的儲存。海馬迴嚴重受損或遭切除的病人，只記得手術前的事，卻記不得手術後的事，今天發生的事件和經驗，到明天就不復記憶。

好消息是，只要解除壓力，大腦的某些部分就會自動修復，長出新的連結，有時似乎會恢復失去的記憶。以我在亞特蘭大機場的歷險為例，丟掉地圖的記憶就是在壓力消除後才恢復。

壓力會干擾記憶程序，即使輕微的慢性壓力也會損害大腦，所以我們必須有對策減輕或克服這股危害生命的力量。冥想對我很管用，事實上，冥想已成為我的例行功課，因為它有助於消除一天累積的憂慮。我當然跟其他癌症患者一樣，憂慮重重，但最讓我頭痛的，卻是擔心在超市或購物中心，遇到我想不起名字的人。這樣的憂慮在生活中只會一天天惡化。生活中有那麼多我無法控制的事，老實說，我很不擅長面對這一事實，這時《寧靜禱告文》（*The Serenity Prayer*）總是能讓我感到慰藉：

上帝，請賜我安寧，接受我無法改變的事；
賜我勇氣改變我能改變的事，
賜我智慧分辨兩者的不同。

為了避免壓力，我盡量做好規畫，用智慧做抉擇。像是上全國聯播的電視節目這樣的大事，我總是會事先問清楚要我做什麼樣的測驗。意外大多有害無益。為了避免出現我無法立刻想起某人姓名的尷尬場面，我總是事先索取一份來賓名單。

你可以創造盡可能貼近事實的模擬環境，為即將來臨的壓力作準備。麻省理工學院（MIT）有個研究生團隊組了一家公司，募款一百萬美元資金，用算牌技術與記憶技巧賭博，他們苦練二十一點的技巧，直到熟記在心。但他們也知道，多疑的賭場老闆、令人分心的女侍、手法極快的莊家，都會分散賭客注意力，增加這種智力遊戲的壓力。團隊成員花很多時間在實際賭場上會遇到的狀況下練習，因為只要犯一個錯誤，就可能要花好幾個月才能彌補。這場《決勝21點》（*Bringing Down the House*）一書描述的冒險之所以大獲全勝，起碼有一部分是因為玩家在賭場壓力下還能思考和記憶。

研究顯示，在同樣環境中練習愈久，壓力的影響就愈小。例如，你公開演講次數愈多，就愈從容，身體也不再釋出與壓力有關的賀爾蒙。

只要謹守個人「侷限」，就可以大幅降低壓力。我知道，「侷限」一詞予人負面的聯想，它暗示某種不該跨越的障礙：超過速限就要冒吃罰單的風險；過份擴張信用額度，就要冒被拒絕往來的尷尬，但侷限也可能同時提供保護：我知道自己在攝影機前記憶一副牌的速度有多快；或當著現場觀眾，在一定時間內能記多少姓名與臉孔。**只要守著自己的侷限，不要嘗試記憶太快或太多，壓力就不成問題。**只有在我誇張自己的能力時，才會開始覺得焦慮與壓力。

有次全國記憶比賽中，我的目標是在十五分鐘內依序背誦一百個單字。我曾經做過好幾次練習，這是個可以達成的目標。但比賽中我看見競爭對手翻頁的速度，顯示他企圖記憶一百個以上的字彙。我心一慌，加緊賣力，企圖趕上他。那對我是場災難。我忘記好幾個字，滿分一百，我只馬馬虎虎拿到七十九分。幸好我野心勃勃的對手比我更不自量力，得到七十八分。比賽結果，冠軍歸我，但接下來三場比賽，我仍感覺到殘留的壓力。

你也可以嘗試轉移注意力。發表演講或為重要客戶做簡報時，壓力會在幾秒鐘內升高。這種情形主要發生在上台前的瞬間，想靠做體操抒解壓力是不可能的，當你客戶的祕書，看到你突然站起來伸頭擺腿會怎麼想？我會在這種場合想些跟手頭工作毫無關係的事。通常我會在心裡打一局高爾夫球，轉移壓力增加的情緒。我想像自己最喜歡的球道，包括所有想得到的細節，例如草皮高度、發球台位置、我想把球打到什麼地方、球桿握在手中的感覺等，我甚至連球上的商標與編號都看得一清二楚。我會盡可能為這幕場景添加色彩與動作，把精神集中於客觀事實，像是草皮鮮明的綠、白得發亮與黑字成對比的球、球道的形狀、果嶺的輪廓、旗竿的高度。這些無可爭議的事實可以阻止主觀情緒侵入我內心，我不想用矯揉造作的平靜取代焦慮。

腦袋一次只能思考一件事，但身體卻能同時體驗多種情緒。當我覺得自己即將失控時，會確認自己已盡了一切努力為這一刻做準備。如果我有哪方面沒處理好，會趁這一刻的覺悟感謝上天，決心下次再也不犯同樣的錯誤。如果沒想到什麼，就會用自己已盡全力這一事實克制情緒，大多數時間都可以用思考克服緊張。

吃「記憶丸」不如睡個好覺

常有人跟我打聽「記憶丸」，這是一種服用後保證可以增進記憶的藥物。我告訴他們，倒不如睡個好覺比較實際。專注的記憶是一種認知過程，需要集中精神、思路敏捷與創意。睡眠不足會破壞這些因素，使現行記憶的品質明顯降低。

二〇〇一年，我第一次贏得全國記憶冠軍後，在《早安美國》（*Good Morning America*）電視節目接受主持人查理・吉布森（Charlie Gibson）訪問。我興奮得不得了，前一晚睡眠斷斷續續。第二天一早，珍娜和我趕到攝影棚時，製作人和工作人員熱烈歡迎我們。我不覺得有壓力，但還是有點不穩定。吉布森很客氣，訪談中讓我覺得很輕鬆。他提問很仔細，但並不尖銳。然後他洗了副牌，在廣告時段給我三分鐘記憶二十六張牌。三分鐘記憶二十六張牌對我而言真是輕而易舉。

我把牌一張一張翻過，在心裡清楚看見它們，將它們放置在我的記憶裡，這是我做過好幾百遍的事。因為時間很充裕，我可以重複再看幾遍牌，重看時我發現回憶的速度比我平時的反應還慢。廣告結束，節目繼續進行，我開始背牌，但第四張牌竟然一片空白，第五張也是如此。這從來沒有發生過！壓力頓時暴增。我直覺地伸手握住吉布森的手臂，也許是出於潛意識要撐住自己，免得在全國聯播的電視節目上昏倒。謝天謝地，我始終保持清醒，而且總算記住了其餘的牌。

大概是驚慌導致的腎上腺素加速分泌救了我，幫我度過這場短暫的危機，但我確知前一晚的睡眠不足，才是干擾我回憶過程的元兇。我處理資訊有困難，內心畫面也很慢成形，就好像我的大腦神經元變得跟我一樣不穩定。這種影響跟壓力截然不同，壓力像鐵弗龍，從一開始就使資訊無法沾黏到我的心靈，使記憶過程完全停止；而睡眠不足只會使記憶速度變慢而已。

睡眠不足也會干擾記憶過程，因為它會使正面情緒變得遲鈍。我注意到睡不安穩會使我變得煩躁、脾氣壞、易怒。我們知道情緒與記憶有連結，**如果情緒受影響或變遲鈍，記憶的形成也會跟著遲鈍。**

哈佛醫學院心理學教授艾倫．霍伯森（J. Allan Hobson）博士說，**大腦需要兩種化學成分才能保持清醒與警覺：正腎上腺素與血清素。**霍伯森指出，大腦有個特定部位負責維持與分泌這些物質，用以刺激所有的大腦神經元，幫助建立神經元網路。專注的時候（例如交談），這些化學成分非常活躍，使大腦細胞形成從事記憶活動的模式；注意力一消失，正腎上腺素與血清素的濃度就會降低。大腦需要睡眠幫助分泌這些化學成分的細胞再生。這一過程顯然只出現於「快速眼球運動」（rapid eye movement，簡稱REM）的睡眠期。睡眠是一再重複的週期累積而成。每個週期持續九十到一百一十分鐘不等，可分為兩部分：非快速動眼睡眠與快速動眼睡眠。快速動眼睡眠通常出現在入睡七十分鐘左右，大多數夢境也都出現在這一階段。同樣是在這個階段，製造正腎上腺素與血清素的細胞與大腦系統進入「活動衰退期」，趁此機會重新生產傳導素（transmitters）。眼球快速運動完成後，整個睡眠週期又重頭開始。每晚的睡眠約出現五次快速眼球運動。

上《早安美國》的前晚，我不斷醒來，幾乎可以確定干擾了我亟需的快速動眼睡眠，使我建構神經元網路的工作比平時困難。廣告時段後，我把紙牌交回給主持人，有一小段時間我心不在焉地旁觀現場工作人員收大字報和其他視覺輔助工具，確保我看不見牌。這短短的分心，可能使我原本已經瀕臨枯竭的大腦化學物質降得更低，有點類似地震之後的餘震。總而言之，這場災難對我而言也像一場大地震。

我沒有睡好，最明顯的跡象就是記憶名字與臉孔的難度增加。記憶名字絕對是一種費神而困難的記憶工作，它需要輕鬆的心情、興趣、聯想、專注、敏捷而有創意的思考、擴充現行記憶，以及輸入長期記憶的管道暢通。在我嘗試記憶大群人名時尤其如此。我曾應邀對一群小學四年級的學生演講，為他們示範如何改善記憶與學習的習慣。我出席的前一天晚上，老師打電話告訴我，孩子們興奮地期待見到我。他們已經讀過我的相關報導和故事。老師無疑是出於好意，還告訴我孩子們對我的到訪，比上次參議員伊麗莎白·杜爾

（Elizabeth Dole）來校還興奮，殊不知跟我說這種話真是一大錯誤！

「比看到伊麗莎白．杜爾還興奮？」我重複道。

我很感謝他們的厚愛，但我卻陷入上《早安美國》前晚同樣的處境。那天晚上我輾轉難眠，第二天早晨，我出現跟那次《早安美國》差點出紕漏前同樣的不穩定感。我擔心舊事重演，所以決定不在小四生面前表演記憶撲克牌，我只記憶他們的名字就好。好在我沒事先告訴他們我要這麼做，因為就在我們繞室一週，每個孩子自豪地告訴我他（她）的名字時，我愈來愈提心吊膽地發現，這些名字都從我的神經元網路上漏掉了。雖然名字不斷累積，壓力逐漸變大，但前一晚睡眠不足才是使我心靈遲緩，幾乎無法專心的罪魁禍首。

如果單單壓力或睡眠不足就能損害或拖累記憶，試想兩者持續結合會對記憶造成多大的傷害？問題是，睡眠不足經常伴隨壓力而來。如果你承受壓力，而且因而無法入睡，那麼心理各方面都會出現重大障礙，不僅記憶而已。我在本章最後介紹了幾種減壓方法，請嘗試一下，看看哪種對你最適用。

注意力不集中：一心無法多用

看電視可能是全世界最受歡迎的娛樂。有些研究顯示，工業國家平均每個人每天花三小時看電視，僅次於工作與睡眠。我覺得最不可思議的是，我們收看喜愛的電視節目時，吸收的資訊量何其龐大。節目結束時，你很可能可以從頭到尾把看到的內容重述一遍，包括特定的台詞和場景。如果追根究柢，你甚至連每個演員穿什麼服裝和開什麼車都記得清清楚楚，這些細節的數量真是可觀。

事實上，電視的特性就是能吸引我們的注意：第一，電視節目給我們感官的體驗，充滿影像、聲音、動作，是一種多重空間的經驗。各種狀況以極快的速度發展、結束，而且娛樂性十足。

除此之外，電視節目本來就很有趣。電視節目以視覺為主，模擬我們的思考與記憶。畫面與場景會產生突兀而新鮮的刺激，觸發我們的直覺反應。最後，電視節目分段播出，靠商業贊助的節目當然會穿插我們不得不忍耐的廣告。我們不會一直被資訊轟炸，而可以輕鬆地、從容地消化接收資訊。

在你收看喜愛的節目時，伴侶或孩子提出問題、電話鈴響、敲門聲都是討厭的干擾。你幾乎要奮力掙扎才能擺脫螢光幕對你無形的掌控——或是可以說是「上癮」。

我們看東西的方式會透露我們對它的興趣。如果你把眼光從電視機移開，轉往妻子或孩子身上，就會發現他們正目不轉睛地盯著電視。幾年前，我應邀參加《約翰・華許秀》（*The John Walsh Show*），事先被告知，要我記憶攝影棚裡每一位觀眾的名字。製作人給我一支麥克風，要我在二十分鐘內記住大約一百位現場觀眾的名字。每個人輪流對我自我介紹，攝影棚裡很安靜。事實上，安靜有點讓人無法專心。我抬頭一看，幾乎每雙眼睛都專注地盯著我。

我笑道：「各位太安靜了，你們該看看你們看我的那種樣子。」我面前那個人答道：「你才應該看看你看我們的那種樣子。」

我愣了一秒鐘才意識到他的話是什麼意思。我退後一步，看著全體觀眾問：「感覺像是我在對你們做心理分析嗎？」

「是的，」他們異口同聲答道。

關於注意力，有另一個你必須知道的重要事實。**注意力集中於單一主題時效果最好。**

每個人都有很多心事、為很多責任忙碌。過去幾年來，很多公司都打著「聰明工作不必辛苦」的口號，但實際上把愈來愈多工作加諸愈來愈少的員工身上，反而使情況更加惡化。

抱歉，老闆，這麼做是行不通的！

這句口號通常就是一心多用的委婉說法，會損害短期記憶。**研究已證實，同時解決多個問題，比一個一個循序處理，會大幅減縮大腦資源。神經元一次應付兩項工作時，神經活動會比只專注於一項工作時減少。**科學家說，經常變換心理頻道會導致一種「類注意力缺乏症」(pseudo-attention deficit disorder）的症狀。哈佛大學的精神科醫師愛德華·哈洛威爾（Edward Hallowell）和約翰·瑞帝（John Ratey）發現，患有類注意力缺乏症的人，無意間把大腦訓練成總是在找尋新資訊，而無法徹底處理既有的資訊，結果他們就很難集中注意，也無法妥善完成任何任務。即使你沒有類注意力缺乏症，仍然可能因為太容易分心，喪失把注意力集中於當下的能力。你的心靈收不到你該蒐集的資訊，因為其他彷彿更重要的事物分散了你的注意力。注意電視新聞台螢幕下方的跑馬燈，你會邊聽邊看電視，同時還讀跑馬燈嗎？**如果你發現自己分心了，你的心靈資源恐怕也分散掉了。**

我用幾種技巧幫助自己在必要時集中注意力：**首先，認清你的心靈一次只能處理一種**

思想。或許看起來你同時被很多事轟炸，但實際狀況卻是，你的心靈非常迅速地從一個主題轉換到另一個主題。要克服這種連珠砲式的轉換，你必須抓緊一個理念，提出與這理念或資訊有關的問題：何物、何人、何時、何處、如何、為什麼等。這有助於建立健康的心理環境，不讓不相干的資訊入侵。

你也必須認清，**與原先思維角逐、企圖引誘你分心的誘因永遠存在。**我們的大腦有一種心理學家所謂的「定向反應」（orienting response），也就是視覺或聽覺對突如其來的新刺激非常敏銳。你可利用這種自然反應把資訊轉換為圖像，或放大說話者的聲音。

新資訊進入大腦的數量並不穩定，中間還偶有停頓，端視我們一天忙碌的程度而定。你可利用兩波新資訊之間的「活動衰退期」，檢討上一批收到的資訊，不要空等新工作來填滿空檔。你可利用這段時間寫下幾個問題，或著手擬定利用這些資訊改善工作或個人生活的計畫。

正如你已經知道，把事情寫下來有極大助益。**嘗試做不一樣的筆記，不要寫你想記憶的事，而是寫下一天當中你覺得對你產生最大干擾的事**，你會逐漸能夠在事件發生之初就辨認出何者是干擾，然後將它丟開一旁，騰空心靈處理手頭更重要的工作。

本章最重要的課程就是認清記憶的敵人，擊敗它們。我稍早說過，每個人處理壓力的方式、睡眠模式、注意力持續的時間長度都不一樣，重要的是找出對你最有效的對策。基於個人需求，針對這些問題分別研擬對策，可增進心理健康、改善記憶力、對整體人生也會有更積極的看法。

10個輕鬆減壓小技巧

1. 養成散步的習慣，在路上把注意力集中於你從來不曾注意過的新事物。
2. 到一個不曾去過的地方去，像是商店、公園或咖啡廳都可以。
3. 到唱片行試聽新上市的歌曲。
4. 到圖書館的美術書籍區，翻閱幾本介紹大師畫作的精美畫冊。
5. 蒐集慰藉心靈的音樂CD，經常聆聽。請不要把這樣的音樂跟壓力或憂慮聯想在一起，所以快樂的時候也要聽。
6. 加入一個靈修小團體，或邀集五、六個志同道合的人組成小團體。最接近你的人往往能幫你找到正確的觀點。

第九章

驚人發現

現在你大概已經猜到，我很愛看電視。我最喜歡的節目大多在探索頻道播出。這個頻道探討各種有趣的題材，而且對我很實用，因為我可以利用「SEA視覺化」與聯想法則等記憶訣竅，記住大部分看到的內容。但儘管我那麼喜歡探索頻道的節目，成天看得津津有味，卻從來沒想到，我自己有朝一日也能成為其中一個節目的題材。二〇〇三年十一月二十一日，我接到那通電話真是大吃一驚。電話留言來自探索頻道一位製作人麥特・梅爾澤（Matt Meltzer），他正在規畫一個叫做《非常人物》（*More Than Human*）的新節目。製作小組的一位成員在網際網路上搜尋有關記憶的材料，看到我的名字。麥特想知道我有沒有興趣到節目中測試我的某些能力。

麥特留言中沒提到他們要做什麼測試。老實說，這些年來我已經學會，對於任何人提議要測試我的記憶，都持審慎態度。矛盾的是，再怎麼強大有力的記憶都可能很脆弱。施一點壓力、一些緊張，搭配滿懷期待的觀眾，就成為災難的配方。如果你對試圖處理的資訊不熟悉，結果會更慘。處理陌生資訊要花更多時間，但電視對時間絕不寬貸。五秒鐘「冷場」在電視上就是永恆。所以你應該能理解我回麥特電話，詢問他到底有甚麼打算時，有多麼戒慎恐懼。

「我鬆了一口氣，因為麥特相當了解，我過去幾年參加的記憶比賽，他說節目要拍的無非就是同樣的技巧而已。

我告訴麥特，我聽到他留言時的第一個念頭是，他可能要找個有資格列入李普萊（Ripley）的「信不信由你」博物館展覽品的人。

麥特頓了一下。「事實上，幫忙製作這個節目的人，有幾位曾經為李普萊工作過，」他告訴我。但他立刻保證，他要節目介紹的絕非怪人或異類。

「我們為探索頻道製作節目的出發點，就是探討乍看不可能的成就背後的邏輯與科學，」他說。「我們有一個研究小組，審慎分析節目來賓的能力。每位研究人員都有專精的領域，負責用觀眾能理解的方式，解釋為何有可能達到那樣的成就。」他舉一個正在製作的節目為例，報導對象能夠空手抓住飛行中的箭矢。節目要用高速攝影捕捉那一瞬間。再用其他高科技儀器測量這個人的反射動作，並且還要把這種不尋常的反射能力跟節目主持人普曼（John Pullum）做比較，說明抓箭者及其敏捷的反應速度，跟常人有多大的差異。

然後麥特告訴我，製作人已經跟魏克森林醫學研究中心（Wake Forest Medical Center）的研究人員討論過可行的方式，以期窺探我腦內的情形，了解我記憶資訊時腦子在做什麼。他說他們要用功能性核磁共振造影術，把我腦子裡的電子活動拍成影片，然後跟沒受過記憶訓練的人的大腦活動比較。

探索頻道的節目製作群當然不知道，這麼一說，就令我想起我這一生最可怕的經驗。我稍早提到過，我的女兒克麗絲汀曾因為大腦受病毒感染，陷入昏迷。有一段時間，她的記憶中樞嚴重受損，她連母親和我都不認得。儘管她已完全清醒，知覺毫無問題，但她似乎把我們當陌生人，對我們充滿猜疑。克麗絲汀現在能夠過健康正常的生活，沒讓感染留下任何副作用，主要就得感謝魏克森林醫學研究中心提供的專業、治療與照顧。突然我有機會回饋這個醫學中心的研究專家，同時還能對自己有進一步的了解。我當然樂意上這個節目囉！

一場驚人的記憶秀

三星期後，我們在魏克森林醫學研究中心的圖書館，等候攝影組人員架設器材，我被介紹給高級神經科學造像研究實驗室的研究人員。他們負責攝製節目中要播出、我記憶資訊時大腦活動的影片。這個小組由約瑟．莫健（Joseph Maldjian）博士帶隊，成員包括本書前面章節提過的羅倫提博士，還有教醫學工程的助教鮑伯．克拉夫特（Bob Kraft）博士，以及教生物醫學工程的助教強納森．波岱特（Jonathan Burdette）博士。

這個年輕、聰明、充滿熱忱的團隊，對我就像我對他們一樣好奇，差別只在於我們對彼此的信心。我們家族世代在魏克森林醫學研究中心看病，所以我對他們的能力與專業有無比的信心。然而他們最近才聽說我這個人，對這個實驗的價值顯然有點懷疑。一位深受敬重、卻不隸屬這個研究團隊的醫院人員前來詢問，現場為什麼這麼鬧哄哄時，聽說是探索頻道要拍一個看一眼就能記憶一整副撲克牌、幾分鐘就能記憶幾百個數字的人，便嗤之以鼻道：「沒有人做得到這種事！」說完就走開了。

製作人和研究者設計的測試我都很熟悉，而且能使這樣的記憶研究顯得格外有吸引力。第一場測試是記憶一副洗過的撲克牌。節目主持人普曼趁我們在攝影機前坐定前就警告我：「我真的很有興趣看你做這件事，因為我第一次聽說你的『記憶成就』時，就懷疑你在牌上動了手腳。我是職業魔術師，可想而知，紙牌是我的拿手好戲。」

為了證明他的話，他親自動手洗過我們要用的那副牌，把它放在桌上，然後要我選一張我最喜歡的牌。我其實無所謂最喜歡的牌，所以隨口選了梅花J。他翻開最上面一張牌，赫然驚見就是梅花J！這下輪到我覺得神乎其技。我不知道他是怎麼辦到的，但他確實證明了他的「法」力。

燈光亮起，他重新洗牌，交給我，用老鷹似的眼神瞪著我看。我盡量專心做自己的工作，但他那麼專注盯著我的手，差點使我分心。不過我還是通過了測試。

「我本來懷疑你先背好一副牌，然後玩手法重組我洗過的牌，排成跟你先前記憶牌一模一樣，」普曼對我說：「顯然並非如此。我很佩服。史考特，你真的很神！」

我沒注意到攝影機還在拍攝。製作人把普曼的最後一段話播了出來，以致我的家人和朋友以此為題開了我不計其數的玩笑，我簡直數不清有多少人對我說：「史考特，你一定記得這件事，因為不管怎麼說，你很神耶！」

第二場測試是在五分鐘內記憶一百六十個隨機挑選的數字。我複述這數字時，他們要求我看著普曼手上裝有數字的信封。數字已經載入電腦，以便製作人把一個一個數字打在電視螢光幕上，但我當然是看不見的。我每背出一個數字，它就顯示在螢幕上。一百六十個數字即將背完時，我聽見研究小組發出驚呼聲，因為他們沒看到我記憶撲克牌的那部分節目。我們休息時，羅倫提博士走過來對我說：「史考特，我們知道你有一套記憶數字的系統，但在現實生活中目睹這種事，真是太神奇了！」

他們如此驚訝，我也覺得很意外。畢竟這些人是一流的研究者、大腦功能專家，如果連他們對一個普通人有效運用記憶力都感到不可思議，更別說是一般觀眾了。從那時起，我覺悟到，我必須面對各種狀況，在我主持的每一場演講和工作坊，一再證明自己。人們希望，不對，他們必須眼見為憑。

我不是「記憶神人」！

下個測試的結果非常有趣，而且是脫稿演出。有五十張隨機挑選的字卡，我必須按照我看到的次序記憶下來。這些字彙有的很具體，有的很抽象，例如：馬鈴薯、屈服、滿足、守衛等。主持人先給我和電視機前的觀眾看字卡，每次一張。我依序背誦字彙時，就只有攝影機拍攝字卡，我不能看。我每背出一個字，主持人就拿字卡給觀眾看，然後把它丟到一旁。測試結束，我表現得很完美，地板上散疊了一堆字卡，似乎沒有人在意，之後我們都去喝咖啡，為下一輪錄影做準備。

大約一小時後回到房間，字卡仍散亂在原地。一位工作人員彎腰收拾，我不經意提到，「馬鈴薯」是我看到的第三十一張卡片，「不知怎麼會變成最上面一張。」

現場一片沈默，然後節目導播湯尼問道：「史考特，你可以整理這堆字卡，恢復你背誦時的次序嗎？」

我說我看不出有什麼不可以的。為了確定字卡的次序被打亂，幾位工作人員又在地上把它們弄亂。湯尼指揮打開所有攝影機，又找了個計時器記錄我花的時間。大約三分鐘，我就把所有卡片照原始秩序排好。這個腳本上沒有的表演，收錄在二〇〇四年一月《非凡人物》首播第一集中。

儘管在場工作人員都知道我平凡的背景，親眼看到我運用記憶力，並錄影十二小時存證，但仍然有人半信半疑。我們準備離開攝影棚時，湯尼轉身對我說：「史考特，我真的也辦得到嗎？」

這正是有關記憶力的談論與寫作所面臨最大的挑戰。縱然涉足記憶領域，看到那麼多不尋常的事，一般人對自己的能力仍免不了產生某種程度的懷疑。所以你一定要親自去做本書介紹的練習。這是你說服自己，以及讓你幾乎什麼都記得住的唯一方法。

腦力運作實錄

做這些練習最重要的一個理由就是，**我告訴你的策略與技巧，不僅會改變你對思考的認知，還會使你的大腦發生實質改變，使思考與記憶變得更容易、更有效率。**魏克森林醫學中心的研究人員，使用功能性核磁共振造影術技術，用我的大腦證明了這一點。

這項技術已經用在數千種探討大腦各個區域活動的研究上，包括臉孔與字詞辨識、現行記憶、偽記憶、疼痛預期、困難決策的掙扎等。麻省理工學院的大衛．考克斯（David Cox）博士發現，受測者觀察不同物品時，以核磁共振拍攝的大腦模式有顯著特徵，所以他只要檢視一系列核磁共振影片，就能正確指出受測者在掃描當時看的是哪件物品。

我在從實驗室前往安排做掃描的儀器室途中，莫健博士為我說明機器的運作方式。核磁共振造影儀利用一塊大磁鐵，使大腦裡的化學物質發出無線電訊號，不同化學物質會發出不同頻率。安靜的大腦發出的整體頻率，經核磁共振造影呈現，是一塊紅色區域。若有一個區域啟動，血液湧入該區，頻率會改變，在核磁共振造影中呈現黃色。血流量增多代表神經元活動增加。思考或記憶時，大腦活躍的區域會以彩色的橫剖面圖像呈現，然後在電腦螢幕上組合成3D畫面。研究者可以旋轉畫面，觀察顏色變化，判斷負責回憶的大腦區域活動的強度。

我的測試需要一小時，這期間我不能動彈。我不知道翻牌的時候怎樣才能不動。他說：「別擔心，你會戴上特製的眼鏡，讓你能在電腦上看牌。」我用放在我左手旁的滑鼠回應，按左鍵表示「是」，按右鍵表示「否」。這樣我可以動手，但無須動到頭。

「這些博士設計的測驗題很難。有一種測驗以每張兩秒的速度給我看牌，這比我自認可以記憶的速度快很多。看完一組牌，停頓三十秒，然後給我看第二組牌。我的任務是確認兩組牌的次序是否吻合。例如，假定他們給我看的第二組牌，第一張出現方塊A，我必須回想第一組牌的原始序列，第一張牌是否也是方塊A。

這場測試的困難度令人難以置信。回憶期間，他們可能亮一張方塊皇后給我看，但我知道這張牌應該是紅心皇后才對。這得花一會兒才能看得出差異，做出決定，按滑鼠，然後準備看下一張牌。兩秒鐘內要做這麼多事，我的大腦像著了火似的。

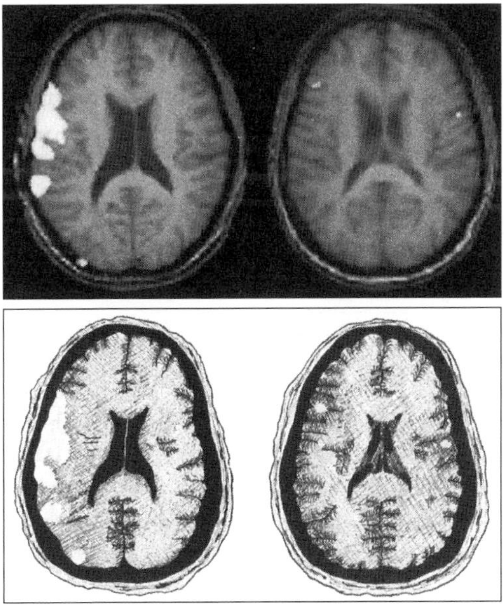

圖的左邊為對照組，淺色發亮區塊即為啟動的區域。史考特的大腦影像在右邊，只看到一塊很小的區域有活動。（掃描圖由魏克森林大學醫學院高級神經科學造象研究實驗室提供，大衛K・柴爾德繪圖。）

我當時並不知道，波岱特博士前一天也接受相同的測驗，做為對照組，這樣研究團隊可以比較從事同樣工作的兩個大腦。我的掃描完成時，我們一起重看我的掃描與波岱特博士掃描的影片。我無法相信！我預期我奮力記憶第二組牌哪些跟第一組相同時，我的大腦掃描會呈現紅色與黃色不斷流轉變幻的漩渦形圖案，然而我看見的卻是如附圖的畫面，只有一小塊區域發出黃光。不過波岱特博士的大腦倒真的聚集了大量閃閃發光的活動。其他測驗難度更高，但結果卻同樣呈強烈對比。波岱特談到那些測驗說：「我做得頭都痛了。」

打造高效率大腦

波岱特博士比我聰明多了，但在最後的分析中，我動用的大腦部分遠比他少得多。莫健博士對這種結果的評語是：「相當難以相信。史考特的表現遠在九十九個百分點之上，計分表無法顯示他那種水準。」他和羅倫提博士都認為，**這樣的結果不能歸功於任何基因遺傳，而是我訓練大腦使然，使它具有極高效率的結果。**大腦真的很了不起，它只需發揮一小部分的能力，就可達成非凡的效果。我為這次掃描或參加記憶大賽時做的測驗，多半與紙牌、姓名、字彙有關。但**記憶什麼並不重要，重要的是記憶的方法，以及你要大腦精通記憶的過程。一旦把這過程控制住，就什麼都能記住。**

受過訓練的大腦起碼有些部分效率會更好，因為它能消弭混亂。大腦看起來分工很精細——視覺、聽覺、嗅覺等各司其職——大多數刺激多少都會啟動大腦的不同部位。但受過高度訓練的大腦，會從其他部位擷取少量資源把訊號放大，完全不造成干擾或浪費資源。相反的，對照組的大腦則是混亂與浪費能量的典型。顯然活動很多，但沒完成什麼事。左圖顯示未受訓練的大腦，因為不確定如何完成工作，所以企圖同時採用多種不同對策。右圖的大腦組織力良好，駕輕就熟處理源源湧進的資訊。

波岱特博士的大腦掃描圖是內異出問題的最佳例證。他表現不理想的一大原因是大腦同時啟動所有資源，掀起不同部位的內部互鬥，爭相處理相同的資訊。雖然大腦的個別部位會自動分工、各司其職，但全面動員的結果就是導致沒有一個部位能掌握問題。另一方面，**受過訓練的大腦只用必要的資源就能完成工作。**

本書的記憶練習不僅能增進你的心理健康，也能驚人地提高你的心智效率。你可以用更少力氣做更多工作。受過良好訓練的大腦是效率的終極典範。試想任何公司若能使員工都具備這樣的能力，效率能提高多少，每個人就真的能「聰明工作不必辛苦」了。但可別空等老闆開設記憶訓練班，現在就開始自力學習，早日獲得無比的能量，使你的人生更有效率，更多樂趣。

| **第十章** |

讓記憶力為你工作

良好的記憶毫無疑問必定讓你的社交生活如虎添翼。大家都喜歡別人對自己有興趣、而且了解自己的好惡。記憶力增強之後，你將發現自己變成一個非常有魅力、而且技巧高超的傾聽者，並成為派對或任何社交場合上最受歡迎的人物。不過除此之外，好記憶也能扭轉你的職場生涯面貌。**好記憶是職場所有「可移轉技能」**（transferable skill）**的基本。**不論個人或專業表現，好記憶力都是成功的要素。**記憶是一種流程，掌握你的記憶力，就等於掌握了成功的流程，以及讓你出類拔萃的技巧與能力。**

好記憶是職場可移轉技能之本

研究需要應用觀察、調查、研讀、認知、感受、衡量、檢測、檢驗以及檢視等能力。**鍛鍊你的記憶力，就能改善你的觀察技巧，更能察覺周遭環境的變化，而且自然留意到細節的存在**；你也會調查哪些部分運作良好、哪些運作不好，當你在睡覺前，書寫留下記憶時，等於就在探索自己與生俱來接收與記錄資訊的方法。你的研讀技巧會因為你更能專注而大為改善，因為了解學習的流程，所以知道如何避免重複。此外，記憶力的開發能夠讓你自在進出長期記憶區，改善認知力，你將靈敏察覺所有外在與內在的線索，感官會變得敏銳，因為你已經開發出將新資訊編碼的天賦優勢。

分析需要進行比較、篩選、連結、衍伸、評估、辨別與確認等活動，這其實完全都是你的記憶力在運作。如果我們把所有事情都放在心裡，就失去選擇的權力，因為每事情都變得一樣重要，所以要透過記憶力的訓練去蕪存菁。

「詮釋」（interpretation）是解釋、理解、描繪以及給予忠告的能力。發展良好的記憶力會改變我們的思考方式，讓我們開始從不同的角度看世界。我們將資訊轉換成對我們有意義的影像與經驗，以內化成可以和我們原有知識結合的產物。當這個資訊與長期記憶中其他累積的經驗彙總之後，我們就擁有更多能夠說明、詮釋周遭世界的資源。

增強記憶從日常生活做起

我是在無意中第一次聽到全國記憶力冠軍賽（National Memory Championships）這個活動。二〇〇〇年二月某天晚上，我不斷轉換電視頻道時，突然看到一個年輕女子正在背誦「紅心八、黑桃J、方塊Q……」過了一分鐘，我才明白她正在背誦一疊撲克牌的順序。當時ABC電視台的《20/20》節目正在製作一個在紐約舉辦的不尋常比賽，而這個女子塔欣娜．庫里（Tatiana Cooley）剛連續三次奪得全美記憶冠軍。擔任廣告公司助理、二十八歲的塔欣娜說，她並非天生就有好記憶力，其實，她只不過稍微練習了一套方法，就有如此優異表現。那個節目接著就訪問東尼．布讚。我曾經買他的書來訓練記憶力，他當時是該活動的主席之一。之後我上ABC網站尋找更多比賽的資，甚至想辦法和他見個面。在我讀完所有記憶力比賽的困難測驗之後，我知道自己根本沒有機會參加比賽。如果我想要見東尼，就必須成為觀眾。

我當時假設自己沒辦法像塔欣娜那種人一樣參加比賽，理由顯而易見。雖然那個時候，我已經讀過記憶力方面的書，甚至能夠成功背出一疊撲克牌的順序，不過，當我看到比賽的層次以及每個活動的特殊規定時，尤其是時間限制，馬上失去信心，不再相信記憶力這套東西。我沒自信可以做得到，也不想試試看，因為這個比賽看起來太難了。

可是，接著卻發生了一件奇妙的事情。我在感恩節假期，前往拜訪我住在田納西州莫里斯鎮（Morristown）的父母。莫里斯鎮上只有兩千人。我弟弟大衛和布萊德利也回家度週末。我在家族年度足球賽上，嚴重扭傷腳踝，那天晚上因為腳踝腫起來，只能躺著和布萊德利開些我怎麼變得又老、又胖、行動遲緩的笑話。

「我不過多了幾磅而已，」我為自己辯護：「不過我也變聰明了。我打賭可以在十分鐘之內記住一疊紙牌，而且能夠倒背如流。」

布萊德利一臉不信，不過還是接受這個賭注。等他把所有牌都叫出來後，我馬上依照順序唸出來。看到他被嚇呆的表情，讓我覺得之前癌症治療的痛苦、扭傷的腳踝、以及練習記憶力這些過程的辛苦，都值得了。

然後我告訴他我在漫長的治療過程中如何鍛鍊記憶力、在電視上看到的比賽、以及二〇〇一年比賽即將舉辦的消息等。他問我要不要參加那個比賽。

「不可能，」我說：「你知道我在學校成績有多爛，我不要在全國電視節目上讓全鎮的人看到我的白痴樣子。這就算你跟我還有莫里斯鎮民之間的小祕密吧！」

布萊德利的反應讓我嚇一大跳。「哥，你才剛經歷過癌症的折磨，還有什麼比那更糟糕呢？更何況，到紐約（譯注：ＡＢＣ電視台位於紐約市）走一走，然後順便到亞特蘭大一遊，利用你這個新技能能賺點錢來花，不是很酷嗎？」

我告訴他我一點也不想跟那些穿著黑套裝的人為敵，不過我的確開始考慮這個提議。他說的沒錯，還有什麼比癌症更糟？說不定，多年來困擾我的考試夢魘可以就此驅除。從那個時候開始，我開始認真考慮參加這個比賽。在我決定參加之後，不但沒有感到焦慮，反而感到一種奇怪的平靜。好笑的是，如果我沒有扭傷腳，就不能跟布萊德利聊到這件事了。我只有在珍娜面前展現過紙牌絕招，因為在一般談話中，不太可能會提到這種事。

我剛開始並不明白為什麼會有這麼多關於記憶力的賽事為什麼不辦一兩場就好？後來我才知道，原來這些活動都是為了檢測各種領域的記憶力而設計的，展示出可以全面改善。我剛開始也不明白這些活動都能實際應用到生活上，不過開始練習之後，就發現其中的祕訣與奧妙——這也是我在本書透露給你的練習策略。以下就是全美記憶冠軍爭霸賽測驗的所有重點。（若是想進一步了解活動規則與計分方式，請參考附錄《記憶冠軍爭霸賽規則說明》）。

記憶冠軍爭霸賽

速記紙牌（Speed Cards）

這個活動的目標是在最短的時間內，記住並複述一整副五十二張紙牌。參賽者有五分鐘的時間，盡量依照順序記住紙牌。這有點折磨人，因為大部分人最多只能記住七個資訊，之後記憶力就會崩潰。再說，要用眼睛辨認紅心3和方塊3，實在有點吃力，因為它們不但數字相同，而且都是紅色，但頂尖高手只需要在一分鐘之內，看一下每張牌，就可以記住。如果你是紙牌高手，這都是鍛鍊牌技的好方法，也是非常有效的記憶力訓練法。如果你知道自己可以在五分鐘記住一疊紙牌，就能用這個來衡量失眠或者不尋常的壓力，是否會對你的記憶力造成負面影響。如果你記憶的時間遠遠超過五分鐘時，就表示你負荷過重了。

一小時紙牌記憶（Hour Cards）

參賽者必須在一小時內盡可能記住所有卡片。這個單元最困難的部分在於它的資訊量。如果你想記住幾副牌的內容，就必須學會如何強化自己的思考流程。這會大幅延伸你目前正在運作的記憶力，因為你的專注力和心智組織力都將因此大幅提升。

口述數字（Spoken Numbers）

「想像一下某人用一秒鐘一個字的速度，隨機唸出幾個數字。這就是這個活動的實際狀況，參賽者必須盡可能按照正確順序記住這些數字。這個活動很困難，因為你只能聽到這些數字一次，而且速度之快，你的聽力必須非常好，才能跟得上。因為這些數字是隨機的，所以沒辦法預測接下來的數字是什麼，因此你必須克制腦部想要預測未來的自然反應。一般人聽別人說話的時候，思想必定領先於措辭，因為你的大腦會設法預期說話的人接下來會說什麼，如此大腦才能決定這個資訊是否重要，需不需要留下來。多練習幾次這個單元，你將更留意自己思考過程的速度，更不用說記電話號碼、追蹤數字或者在別人口頭告知的狀況下，記住訂單號碼這些小事了！

歷史與未來日期（History and Future Dates）

參賽者必須盡可能記住虛構的、歷史上的以及未來的日期，然後設法把歷史、未來日期和虛構的事件連結起來。考題總共有八十個「歷史」日期。例如：「西元二〇四二年，印度洋上禁止航行帆船。」接著，參賽者必須指出船被禁止的正確年份。參賽者在比賽前，只有五分鐘記住所有日期與事件。除非你的記憶力已經充分開發，否則很容易搞混日期和事件。這是非常實用的技巧，不但學生需要，律師、會計師、建築師以及建商等必須和條文為伍的人，都能從中獲益，因為這個訓練可以免除或至少減少回頭檢視原始書本的時間。

數字短跑（Sprint Number）

這個活動的目標是在五分鐘內盡量記住不規則的阿拉伯數字（1, 3, 2, 7, 9等）。按照正確順序記住許多隨機出現的數字已經夠難了，這個單元的挑戰更是難上加難！參賽者必須在答案卷上的每一行寫出四十個數字。每個順序正確的數字，就可以得到一分。如果有兩個數字排在同一個順序，就算兩個失誤。一行中如果有兩個失誤，就不能列入計算！這個聽起來似乎蠻橫無理，不過卻有其意義。如果你忘記電話號碼中的任何一碼，其餘的數字就沒有意義了。如果你在銀行帳號中列錯一個數字，結果也將是災難一場。

不論是電話號碼、財務報表或信用卡，只要在數字上花點心思，就會發現這個練習的價值所在。還記得專注力遊戲嗎？這個遊戲就是把紙牌放在格子中，你必須把剛翻出來的牌和之前翻過的牌配對。要玩好這個遊戲很簡單，你必須把所有的牌看一遍，就得記住。

例如，假設這個方格圖是六列五行。第一行第一列的牌用數字11代表，第一行第二列的牌用數字化代表、第五行第六列的就是56。因為你已經把影像和11、12、一直到56等連結，只要運用「連結法則」(law of association)，把紙牌圖案和行列數字連結起來即可。

化學系學生可以用這個方法迅速、輕鬆的記住元素週期表。我真希望自己當學生時候就知道這個方法，也許我的化學考試就不會只考六分了！例如，元素表的第一行（也是第一列）是「氫」。我對數字11的影像，是我在大學教書的一個教授朋友塔特。氫是一種氣體，比空氣還輕，所以我看到平常穩穩站在地上的塔特，飄浮在教室天花板。第一列第二行的元素是鋰，是油脂或油漆裡的必要成分。我對12的影像是白蛇合唱團（White Snake）的MV鏡頭中，陶妮．基坦（Tawny Kitaen），所以我想像她油膩的頭髮或塗著粉紅色指甲油的指甲或者兩者皆有。

不論是哪一種數字，都可以用這個方法迅速記住。我們經常會碰到別人透過行動電話，給我們一個電話號碼或地址，可是卻不方便寫下來的狀況。你可能需要找出自己必須記住數字場合與時間。在你做記憶書寫練習時，留意一下當天你需要某個號碼，可是卻想不起來的時間點。立刻記住數字的能力不但是很棒的心智練習，也是低調展現你過人智慧的好方法。

至於這個比賽，最高紀錄是丹麥的珍・佛曼（Jan Formann）所締造的三百二十七個阿拉伯數字比我每秒的數據還高。在美國如果達到一百二十個阿拉伯數字，就可排在前三名。美國這個比賽的平均記憶數字值大約是四十。

一小時數字記憶（One-Hour Numbers）

這是跳躍式數字的變化型態。參賽者在這個單元中必須在六十分鐘內，記住隨即出的阿拉伯數字（1, 3, 2, 7, 9等），然後再回想、寫下來。時間是這個單元最具挑戰性的部分。這個單元的世界紀錄保持人也是珍，她可以在一小時內記住一九二〇個字。如果你計算一下，就會發現珍在跳躍數字單元的紀錄是每秒鐘一個數字，可是在這個單元卻掉到每兩秒鐘一個數字的速度。這是因為在一小時內若想記住大量資訊，必須花時間檢查；而在五分鐘強記的狀況下則不需要檢查之故。

隨機字彙（Random Words）

參賽者在這個單元必須在十五分鐘的背誦之後，盡可能依照順序記住隨機出現的字，如罪惡、花朵、走路、飛機等。這個單元最困難的部分在於必須把抽象的詞轉換成具體的影像，而且還必須拼正確。一想到電腦會檢查我的拼字，我就完全忘了該怎麼正確拼音，也不想拼了，因為我知道電腦一定會抓出我的錯字。

如果你利用羅馬房間記憶法來做這個單元，必定會對自己回憶詞語的能力大為吃驚。根據研究，如果給一個人十個詞彙，要他依照順序複述一遍時，在第六個字的時候就會開始結巴，幾乎沒有人能夠回想到第八個詞彙。不過，只要稍加練習，應該就可能記住九〇%。

先別得意，更有價值的在後面！當你跟一票同事閒聊時，可能在嘻笑怒罵中，無意間發現非常有價值的工作建議，可是又不好拿出紙筆記錄，別擔心，你已經把這個建議存在自己的記憶庫了！

讓我們來假設一下午餐桌邊的閒聊：

「天啊，我發現來電顯示真的很好用。我一看到是誰打來的，在接電話之前，就先拿出那個客戶的資料。結果讓打電話來的人感覺棒透了。」

在對話繼續環繞這個主題之際，你可以從中找到幾個關鍵辭，然後運用羅馬房間記憶法的技巧，就能在你的心裡「看到」來電顯示、電腦、關係等字。應用「SEA視覺化」

將對話與心智運作之間的天生落差，做為增強記憶力的途徑。

你也許對速讀感到興趣。速讀必須學習辨識重點或中心思想，訓練你的大腦記住一頁裡的所有內容。如果你把關鍵字搜尋儲存在心智清單上，然後利用「羅馬房間記憶法」來回憶，將發現自己的理解力大為提升。

一定常有人在塞車或洗澡的時候，突然想到一個好點子，不過手邊沒有紙筆時，只要懂得如何創造心智清單，就不會讓好點子一閃而過或隨風而逝了！

這個方法在職場上最適合用來改善你的口語表達能力。兩千年前，西塞羅利用這個方法，在沒有小抄的狀況下，展現他驚人的龐大知識量。他的表現如此傑出，使得後人永誌難忘，而且把他所使用的方法稱為「羅馬房間記憶法」。你可能想在團體討論中好好表現，不過如果別人不斷用問題或批評干擾，就非常容易分心，失去思緒重點。利用「羅馬房間記憶法」將你的點子放在特定位置上，就能讓你聚焦。你將發現自己可以盡情提問，不用擔心會忘掉任何重點。

學會這個技巧，你的人生將就此繽紛多彩。如果你能夠記住幾百個隨機出現的字詞，就能在很短的時間內記住幾百個點子。當你在超市排隊等候結帳時，隨手翻閱雜誌，就能獲取其中的精華，你的人生將因此增色不少！我還記得《財星》（*Fortune*）雜誌有一期曾介紹迅速增加收入的十五種方法、三個找到下一個戴爾電腦的投資原則、五個夢幻退休養生城鎮、以及三個存放大學教育基金的地方。而這些資訊都是我在等候結帳的五分鐘之內讀到的！

名字與臉孔速配

這個單元的目標是盡可能的記住名字，之後將它們和正確的臉孔配對。這個活動比初次和人見面、然後記住對方的名字還困難，因為照片無法完整傳遞面對面接觸時的資訊，例如對方的聲音以及任何細微的舉止。不過如果你用這個方法來記住名字，也就是利用報紙和雜誌廣告、或研究很少看的電視節目中出現的演員名字和臉孔，就會發現與人面對面接觸時，記名字的功力大增。因為你已經習慣用很少的資訊來記名字，現在竟然有一個人就站在你面前，對方所能提供的資訊量，自然大的驚人！

這個練習也可以幫助你記住組織裡的人名。你也許可以在公司網站上加一個圖像索引或工作日誌。我剛上班的時候，曾經被派到公司總部。不過在我出發前往機場之前，我的主管拉住我，給我一疊公司主管的照片，他指著其中一位男士問我知不知道他是誰，我完全不知道。

「他是公司的總裁，」他說：「你可能在吃午餐或在走道上碰到他或照片上的任何一個人。給你，拿著，記住他們的名字。」

我一直沒有問他為什麼會花時間為我解說這些，不過我懷疑他剛進公司的時候也許曾經因此感到困擾，所以不希望我重蹈覆轍。

如果你打算拜訪某家公司，先研究對方的照片，然後將名字和照片配對，也會非常有幫助。如此不但能留給對方好印象，也代表你願意提供的高品質服務。只有一個地方需要注意：有時本人往往跟照片不像，尤其是女人的髮色經常在變，身材變瘦、變胖或變老，而且大多數人總是不想提供最新的照片，或者本來戴眼鏡的，改成隱形眼鏡等。

名字和臉孔的配對是最難的挑戰。名字不但難記、變化多端、而且又很抽象。相較之下，你會發現別的練習簡單多了。不過這是一個值得學習的重要技能，因為它可以用到生活其他領域。你的姓名資料庫將不斷擴充，記得的名字愈多，就能在你的長期記憶中儲存愈多名字，結果成為愈來愈容易的良性循環。

將二進位轉換成以10為基數

二進位	基數10
001	1
010	2
011	3
100	4
101	5
110	6
111	7

二進位數字（Binary Numbers）

我承認記住一長串的二進位數字也許不是你的人生目標之一，不過要完全依照順序記住隨機出現的一和〇序列，是非常困難的心智任務。然而，如果你已經學會如何一般的數字，就比較容易做到了。祕訣就在把二進位數字轉換成一般數字，或者，換句話說，就是從以2為基數變成以十為基數。上表就是把二進位轉換成十進位。

所以，如果二進位數字是111010，我就把前三個數字當作7，後三個數字當作2，因此轉換成七十二。

背詩

參賽者在這個單元必須記住一首從來沒有發表過的詩。這首專門為比賽而寫的詩並沒有押韻。這個單元最困難的地方是必須記住標點符號，包括大小寫和斜體等。學會這個技巧，就能輕鬆逐字記住經文、法規、甚至你的演講。你可以用同樣的策略記住歌詞。下面就是我的做法：

第一次聽一首歌的時候，我會感覺它的押韻和旋律。不論歌曲的節奏快慢，都可能用這個方法記住歌詞。

然後，我仔細聽歌手特別強調的字、或為整首詩畫龍點睛的特別詞句或合唱部分，然後開始想像。由於合唱通常在歌曲中重複數次，第二次聽到合唱時，我就開始在心裡運用想像力創造故事。我把合唱裡第一個重要的字或詞句，和第二個重要的字或詞句連結起來，設法讓兩者的影像有所互動。這個技巧跟我在「隨機字彙法」裡所提到的混合技巧一樣。例如，在《綠野仙蹤》（*Wizard of Oz*）這首歌中，我看到檸檬掉下來、在煙囪裡融化。這個單一的影像讓我能夠把這個片語裡的字連結起來，因為較不重要的輔助詞或點子自然就定位，我並沒有為每個字創造一個影像。

在之前的練習中，我曾經請你把書反過來，讀一兩行。結果你發現大腦只需要一些線索，就能填補空白的地方。利用這個天賦能力，再配合具體想像的藝術，必定能大幅改善你學習歌詞、演講稿、經文和詩詞的速度。較長的講稿或經文，不妨用「羅馬房間記憶法」，具體想像句子或片語的中心字或點子，然後把它沿著房間放置。

如果你想要進一步學習，可以考慮學習手語。如此不但多懂一種語言，而且手語全球通用、訴諸視覺、充滿動作、容易學習。你將因此能夠與原本自己影響範圍所及之外的人溝通。

你現在應該已經明白，記憶力的開發不但能因為知識的增加，而增加你的力量，同時，好記憶對於你現有或想要開發的技能，都能讓你收事半功倍之效，它能加快學習速度、擴散超載的資訊、並開創人生的多重價值。

現在你已經配置了運用記憶力的美妙工具，只要能夠掌握下面「鍛鍊記憶力七大基本原則」，你就是記憶大師了！

鍛鍊記憶力七大基本原則

1. 你的記憶幾乎是以圖像在運作。設法開發這個天賦能力。

2. 記憶是一種經驗。運用你的「SEA視覺化」所得到的知識，把影像轉換成多重面向的經驗。

3. 利用你所知的，我們都是生活經驗的累積體，其中充滿了事實、圖形、人、以及好幾百萬個資訊片段。利用「連結法則」來加快你的學習腳步。

4. 利用「一的原則」。少重複，讓時間發揮最大效用，並創造良好的研讀習慣。善加利用自己已經改善的記憶力。

5. 壓力會傷人，請設法擬定適合自己的減壓策略。

6. 每天晚上都要睡個好覺。

7. 增加你當下的注意力。避免讓你的心被過去事件或待辦事項占據。

在你家裡找一個「永久儲藏室」，然後記住下面這七大記憶原則：

1. 圖像
2. 經驗
3. 知識

4. 原則

5. 壓力

6. 睡眠

7. 注意力

下一章是長達一週的練習單元，大部分你都已經接觸過。你可以用這些練習來了解自己的記憶力程度。我敢打賭如果你做這些練習一個星期，將會驚喜的發現自己的記憶力竟然變得如此之好。如果你對一週後的結果感到滿意，就可以進行更高難度，讓你的記憶力更上層樓。現在，拿著你的配備，跟我一起來上「記憶健身房」。

第十一章

記憶健身房

我希望你在閱讀本書時，已經做過裡面建議的練習。如果你做了，我想你現在應該對於自己記憶力的改善感到滿意，而且隨著記憶力的改善，你的生活品質也變好了。如果你已經試過這一章裡面的七日練習，再做一次，會讓你的記憶技巧變得更好。如果你還沒做過這些練習，準備好接受驚喜吧！從第一天開始七天之內，你絕對不敢相信自己的記憶力竟然有如此豐沛的能量！

記憶力七日增進術

不要因為我列出了七天的練習，所以你就不能在中間中斷。不需要如此刻板、固守紀律，放輕鬆、好好玩！需要的話，可以休息一至三天。而且就跟在健身房騎腳踏車、踏步機或舉重一樣，有人最後發現自己已經對記憶力健身操上癮了。如果你已經上癮了，就可以挑戰各種難度的練習。我也鼓勵你找一些這個健身房沒有的練習，自己試試看。

第一天：寫日記

晚餐後花半個小時寫日記，回想當天不論喜怒哀樂的重要事件。簡要寫下所碰到人、所做的討論、以及你想要記住的事情等。日記完成之後，重讀一遍，填寫「元素表」，以找出你到底運用了哪些「SEA視覺化」。最後，再讀一遍你的日記，做重點摘要，在「關鍵詞表」上記錄每個關鍵字。

不過，等一下，這個練習還沒完喔！明天早上，在你開始一天的行程之前，也許在早餐之後，再回去看你前一天晚上做的「關鍵詞表」，看看每個關鍵詞是否能引發一個記憶。如果有任何字或詞無法引發記憶，回到你的日記，看看這個字應該提醒你什麼事情。關鍵詞和它們所能引發的記憶，是我們即將接觸的「羅馬房間記憶法」練習的基礎。

如果你想要更努力做這個練習，只要每天都做即可。一週之後，你必須回頭檢視自己在過去七天所列出的關鍵詞中，有多少仍能引發你刻意保留的記憶？

第二天：聯想與興趣

拿一本書或雜誌，翻到你已經讀過且樂在其中的一章或一篇文章。現在把這本書或雜誌反過來，從頭到尾再讀一遍。你應該發現愈看會愈順。你的大腦正設法把看起來亂七八糟的東西和已經知道的文字連結起來。

接下來，利用同樣的章節或文章，再看一遍，然後隨機選擇兩個字。做這個練習時，不要選擇冠詞（這個、一個）、介係詞（的）或連接詞（和）。利用這兩個字造個句子。

「最後，回到你隨機選擇的兩個字上，具體想像每個字，寫下你所看到，可以代表那個字的圖像。不要勉強，選擇心裡對每個字所想到的第一個影像。不要擔心這個影像為何出現，接受就好。當你分別具體想像兩個字之後，再回頭利用「ＳＥＡ視覺化」具體想像它們在一起的樣子。

第三天：遺忘

記憶力的開發過程中有點相互矛盾，因為你必須透過遺忘來擴充記憶力。你會拿起這本書，一定有理由。也許你想要改善自己記憶名字和臉孔的能力。也許你想要透過記憶清單，讓你的人生更豐富。不論理由為何，在我們相處的這段期間裡，你已經用心記憶了事情。今天的練習就是學習如何為自己著迷、佩服自己的遺忘能力。我前面曾經說過，你回想資訊的能力絕對沒有問題，需要磨練的，只是這個過程而已。大約西元前八十六到八十二年時，古羅馬一個不知名的修辭學老師，曾經撰寫一本名為《修辭學》（*Rhetorica ad Herennium*）的教科書，以訓練學生的記憶力。在這本書中，作者寫道：

那麼，我們應該建立一種能在記憶中留存最久的影像。而且如果我們建立了驚人的相似性、如果我們建立了罕見或朦朧但卻活躍的影像、如果我們指派給它們非比尋常的美麗或獨特的醜陋、如果我們用皇冠或紫色罩袍裝飾其中的一部分，讓該相似性對我們而言，變得更獨特時，我們就應該如此做。又或者如果我們把它們毀損，例如加上一滴血漬、抹上污泥或塗上紅漆、或為影像增添某種滑稽效果時，也能讓我們記得更牢。我們容易記住真實的事情，同樣的，要記住虛構的事情，也並不困難。

「虛構」就是你儲存在自己長期記憶中的聚焦影像，就好像為了更深入了解對方而詢問的五個問題所描繪出來的圖像一樣。這也是為何必須透過書寫來理解你天生記憶力的原因所在。不過，每當你遺忘，記憶力就會發揮作用、自動從你的「ＳＥＡ視覺化」知識庫中擷取額外元素，增添到你已經遺忘的虛構事件中，讓該影像變得更震撼。記憶藝術的第二個部分，則設法給這個影像在你心中發展的時間。前面當我提到五個問題時，這個影像是否馬上或者花了一點時間才出現？你會發現記憶力開發得愈好，影像或資訊回到你心靈的速度也會變快。

你的記憶力和回憶之間的通道已經暢通無阻，以致於你開始信賴自己的印象。你對自己的心智能力變得比較有信心。今天，讓我們檢視一些你之前設定想要記住的事物。翻到這本書裡面你有興趣的練習，看看你記住多少。在接下來的那一天，我會給你一張記憶清單。不過，在你檢視這些清單、過了二十四小時或一週之後，不論經過多少時間，當你忘記了，別忘了跟自己致敬，因為這是在你的長期記憶與心靈通道上留下深刻痕跡的唯一方法！

第四天：連結數字、字母與影像

我想要跟你分享一個已經不是祕密的祕密——數字會讓人眼花撩亂，它們隨機出現，很難記住。電話號碼、執照牌、健身房置物櫃、或信用卡上的數字經常沒有順序、型態或邏輯可言。不過，沒關係。偉大的記憶力就是能讓你在混亂中創造秩序。讓我給你看看世界上偉大的記憶家，如何記住成千上百個數字的祕訣。其實沒有什麼新招數，這個技巧已經用了好幾百年了。一六四八年，一個叫做溫克曼（Winckelmann）的人首度用英文字母來代表數字。一百五十年之後，一個叫做費南戈（Gregor von Feinaigle）的傢伙改進了這個方法，並且在歐洲各地演講推廣。一八一三年出版了他的數字——字母編碼。上表就是這個系統的改良版，可以幫你把字母和數字具體連結。

下面這兩個練習可以幫助你學會這個方法。首先，拿出小張紙片或紙卡，把數字寫在

表11-1　數字－字母編碼表

數字	字母	具體想像／聽覺的
1	T	就像羅馬數字中代表數字1的I
2	N	就像羅馬數字中代表2的II，不過只有一隻腳向下
3	M	就像羅馬數字中代表3的III，不過只有兩隻腳向下
4	R	尾巴像字母r
5	L	類似羅馬數字的50
6	d	把這個字母倒過來，看起來就像一個6
7	K	把7翻過來，加一隻腳，看起來就很像字母k
8	f	草書小寫的f看起來很像8
9	p	把9轉過來就像個p
0	s	一條盤旋而上的蛇

前面，相對應的字母或發音則寫在背面。混合一下，在你看到前面的數字時，在你出發音之前，先具體想像一下這個字母。你將發現不用很久的時間，就能看到數字裡的字母。

這個練習的第二個部分是把數字轉換成影像。讓我們從第一個數字開始，從1到10，把流程修改一下，把數字1改成01，數字2改成02，依此類推。

表11-2中，我會給你第一個和最後一個字母，請在空格處填上影像。比如第一格的範例。我對數字1的影像是約翰屈伏塔（John Travolta）在他的成名電影《週末狂熱》（*Saturday Night Fever*）

表11-2

數字	字母	影像
01	S T	西裝（Suit）——電影《周末狂熱》中的約翰屈伏塔
02	S N	
03	S M	
04	S R	
05	S L	
06	S D	
07	S K	
08	S F	
09	S P	
10	T S	

中，穿著白色休閒西裝跳舞的樣子。運用「SEA視覺化」讓這些影像變成富涵多重意義的經驗。

現在你已經有自己的影像了，請再做一遍前面的「索引卡」練習，不過這次請在背面寫上你所建立的影像，因此你必須為這十個數字做新的卡片。然後，就跟平常一樣，休息十五分鐘再回來，看看你是不是能夠毫無錯誤的重做一遍。如果你發現這個練習很有趣，也很喜歡做的話，可以在接下來的幾天內，為數字11到20製做類似的表，然後是20到30的表，依此類推，直到99。

在記憶冠軍爭霸賽中出現的數字可

能就像這樣：

18009784380114954723

不過我看到的卻是像下面這樣一對對的：

18-00 97-48 38-01 14-95 47–23

我的相對應影像是：

太妃糖（taffy）——蘇斯（Seuss）——小淘氣（puck）——火（fire）——黑手黨（mafia）——西裝（suit）——輪胎（tire）——藥丸（pill）——草耙（rake）——地精（gnome）。

我可以輕鬆的把這十個影像放在羅馬房間裡，之後就輕易的用任何順序來回想這些數字，就像你之前做的一樣。**你正在混亂中創造秩序。雖然數字的確有軌跡可循，但是你卻可以把任何數字都和自己所創造的影像配對。**

第五天：「羅馬房間」方位記憶法

把你待在家裡最長時間的一個房間當作羅馬房間，從你進入房間之後、位在左邊肩膀的地方開始，當作位置1。依照角落——牆——角落——牆——角落——牆的順序，由房間的左邊到右邊。所以，你左邊的牆是位置2，接下來的角落是位置3，依此類推。編好角落——牆的順序後，你應該有八個位置。把地板當做位置9，天花板當作位置10，如此完成你第一個房間的設定。

現在依照順序環顧室內，詳細具體審視一下每個角落被實質物體占據的樣子，專在一些能夠突出這些物體的細節上，可能是某個花瓶的顏色、某種木頭做的桌子、某種形狀的檯燈、有製造者商標的電視機等。如果某個位置沒有物體擺放其中，檢視一下飾條或牆壁，看看有沒有任何缺陷。所有的細節都很重要，而且會就此在你心中扎根。如果那個位置沒有任何缺陷，隨便拿屋裡一個可以移動的物品，暫時放在那個地方。

接下來，用布或刷子打掃這個房間，碰觸一下你剛才指認的物品。你正在跟這個物品互動，利用窗戶、燈光開關、圖畫、地毯等任何手邊現有的東西，把它轉換成經驗，幫這

表11-3繪製我的羅馬室

數字	字母	物體
1	角落	擴音器
2	牆	電視櫃
3	角落	搖椅
4	牆	火爐
5	角落	活動躺椅
6	牆	門口
7	角落	檯燈桌
8	牆	沙發床
9	地板	咖啡桌
10	天花板	吊扇

個房間做一個如下的對照表。

現在拿十張紙片，在上面標示1到10的數字，把這些紙片放在帽子裡，然後抽一張出來。假設你抽到數字5，開始從位置1（進房間後你的左肩角落）算起，依照順序移動到位置5。那個角落應該就在你一進房間的正面。留意在位置5的物品。至少重複這個練習五次，之後你就會發現自己的眼睛和心多麼迅速的適應了這個模式。重複幾次之後，就會變成自動反應。當你抽到數字時，你的眼睛立刻就會往天花板看。

在你至少做了五次的抽號碼牌遊戲後，休息十到十五分鐘，或者做些和這個遊戲完全無關的事情：看書、散步、玩字謎遊戲、打個電話等都好。然後，不論你在什麼地方，閉上眼睛，在心裡重新創造這個房間。慢慢往前數，從1到10，在你心裡看到每個物體，然後往回數，同樣也請你用心和眼看到每個物體，直到位置1為止。重複這個心智流程至少五次，一次比一次快。

最後，製作一張記憶清單，可以是購物清單、最喜愛的電影、或十個同事的名字等。提醒你一點，這個時候的重點不是你記住了什麼，而是你怎麼記住它們。

恭喜，你已經創造了自己的第一間羅馬房間，這也是增強你記憶力的重要第一步！

第六天：建構三間羅馬房間

根據你前面學到的羅馬房間技巧，現在你必須建構三間羅馬房間——只要你願意，其實有無數的房間可以讓你停放記憶。

想像你正帶著客人參觀你家，你從前門開始介紹，陸續到別的房間。你一路走來、非常仔細、條理分明的介紹。事實上你介紹了三個房間——如果你現在住的房間很小，歡迎使用浴室或衣櫥，以創造三間羅馬室。務必使用你從來沒有在別的練習用過的房間。利用前面的練習，第一個房間的角落就是位置1，那個房間的天花板則是位置10，你進入的下一個房間則是位置11，而那個房間的天花板則是位置20。至於第三個房間的第一個角落是位置21，天花板則是位置30。你現在有三十個地方可以做為你長期記憶的儲藏室。再度確實檢視這些房間和地方，然後在心裡走過每個房間，留意你想要記住的地方和物品。特別注意你正要離開的房間天花板，以及你在接下來的房間第一個看到的物品。務必建立視覺的連結，讓你清楚看到。然後在三十張紙片上、從1標示到30，放在帽子裡，一次抽一張，在你的心裡到訪三個房間裡的指定位置，做五次，接著休息，然後做別的事情十五分鐘以上。現在從30倒數，依序拜訪三個房間裡的每個位置。只要你能夠看到每個房間裡的每個物品或角落兩次時，你的心智能力又躍升了一大步！

為了節省你製作三十個記憶清單的時間，讓我們使用表11-4語音練習表來做這個練習（大聲唸出來的話，聽起來會好像飛機駕駛員）。這個練習的目標是為每個字母創造一個視覺物品，然後把它和每個房間的物品或位置連結起來。提醒你：這是一個記憶健身房，所以就跟練舉重好鍛鍊體能一樣，你現在正在建立你的心智力量，正在組織自己的心智，正

表11-4飛行員字母對照表

數字	字母	你的影像
1	起初（Alpha）	
2	喝采（Bravo）	
3	查理（Charlie）	
4	三角洲（Delta）	
5	回聲（Echo）	
6	狐步舞（Foxtrot）	
7	高爾夫（Golf）	
8	飯店（Hotel）	
9	印度（India）	
10	茱麗葉（Juliet）	
11	公斤（Kilo）	
12	利馬（Lima）	
13	麥克（Mike）	
14	十一月（November）	
15	奧斯卡（Oscar）	
16	爸爸（Papa）	
17	魁北克（Quebec）	
18	羅密歐（Romeo）	
19	內華達（Sierra）	
20	探戈（Tango）	
21	制服（Uniform）	
22	勝利者（Victor）	
23	威士忌（Whisky）	
24	X光（X-ray）	
25	洋基隊（Yankee）	
26	祖魯人（Zulu）	

在開發自己在模式、序列和邏輯方面的能力，也在開採自己的想像力、創意、創新力、問題解決能力以及綜合技巧等領域的潛能，或是正在發展自己獨特的記憶流程。

在你的心裡重複一遍每個物品。等一分鐘，然後再做一次，不過，這一次倒回去做。現在，回到你的帽子，開始從裡面抽號碼。除了用相反的順序重複記憶字母之後，還可以知道L是第十二個字母，而S則是第十九個字母。如果你成功完成這個練習，表示你已經能夠充分掌握自己的心智。此時，你才真正明白記憶無極限，而且輕鬆無比！很棒吧！

第七天：臉孔與名字配對

最後這個練習也分成兩部分。早上，請利用前面「一九六三年十大常見的嬰兒名字」，檢視表上的每一個名字，看看你記不記得某個有同樣名字的人。不必是你很熟的人，可以是電影明星、政治人物、作家，或者是你小學或高中的朋友等。寫下你記得的這些人各自的特徵。在你今天的行程中，再看這些名字兩、三遍或更多遍，隨時加入別的你記得有同樣名字的人。這個練習重點有兩個：可以知道你到底認識了多少人，以及，讓你養成留意別人值得回憶的特徵的習慣。

這個練習的第二個部分則在晚上進行。首先，觀看一個你不常看的電視節目兩到三分鐘，你可能會發現這些名字和臉孔出現的速度太快，所以剛開始的時候，只要記住頭一個或兩個名字即可。如果你在廣告時間成績很好，在下一個廣告時間時，提高標準，試著同時回想演員所扮演的角色名字和演員本身的名字。

做完電視節目的練習後，轉到「全美地方台」（Local on the 8s）節目之後的氣象頻道。這裡的播報員同樣非常懂得自我推銷，他們的名字也會在廣告之後出現在螢幕上幾秒鐘。這裡的優點（或缺點）是你一次同時接觸到兩個名字，同步處理不同的訊息，是判斷你是否能同時輕鬆記住大量事情，或者必須按照順序學習的好機會。

暫時不要再看電視，把你的注意力轉移到日報上，尤其是地方商業版上的企業高階主管升遷和雇用新聞上。同時也留意任何同時出現幾個經紀人保險或房地產廣告。你是否注意到自己的記憶力會因為照片是彩色或是黑白而有所不同？

如果你想要擴充自己記名字的能力，設法做一些實際演練。如果你去的商店店員有佩戴名牌，請利用第七章的策略，將名字和臉孔連結起來。在你買完東西後，在店裡多逛個五分鐘，看看你是否還記得店員的名字。

祕訣其實都在紙牌裡！

如果你想要讓你的親朋好友為你剛學會的記憶技巧驚艷時，不妨試試下面這個遊戲。這是我在做記憶力演講時所使用的教材。

你已經從前面的練習學會數字——字母系統，同樣的點子也可以應用在記住整副紙牌的記憶力開發上，就跟早餐和度假這兩個帶有豐富經驗的字詞一樣，紙牌也可以轉換成移動的影像，例如，梅花2代表一個影像。對我而言，代表高速公路上施工完成時所擺放的橘色圓錐筒。我怎麼會想到圓錐筒（cone）呢？因為整副牌都是梅花，而這個東西的第一個字母是c。從數字1字母系統中，你得知「2」是用n來表示。所以，當我在填寫c——n之間的空白時，第一個想到的影像就是橘色圓錐筒。現在，有個物體就坐在那裡。為了讓它成為經驗，你應該把某個你認識的人或名人和它連結。

在這個案例中，我看到保羅紐曼無聊的轉動這些圓錐筒，類似他在《鐵窗喋血》（*Cool*

Hand Luke）電影中的演出。每張紙牌在心裡都代表了某個小經驗。對我而言，一副紙牌並不代表四副十三張的牌，而是代表五十二種小經驗，每一個都是獨一無二的即使這些紙牌，只要洗過，順序就會變，這些你所建立的小經驗連結卻不會變。利用「羅馬房間記憶法」，你可以把影像一一存在房間裡，就好像存放任何清單一樣，然後用任何順序來回想。

在我填寫梅花3的c——m之間的空格時，第一個出現在我心裡的是一把梳子。然後，根據我的「SEA視覺化」知識庫中，我第一個想到會用梳子的人是童話人物長髮公主（Rapunzel），她每天都會用梳子梳好幾次長長的栗色頭髮。這些都是簡單卻實用的影像，因為它們眾人皆知，而且都有動作。

例如，在我檢視一副牌的時候，我會先在心裡好像在跟某個人導覽我家一樣，走過家裡的六個房間，為自己做個暖身。我在每個房間停留，辨認所有角落、牆、地板和天花板的十個位置，然後再到下一個房間。這個過程在我心裡快速發生，通常在一分鐘之內，最多不會超過兩分鐘。為什麼要六個房間？因為每個房間只能放十張牌，而一副牌裡有五十二張牌，所以我需要在第六個房間放兩張牌。

讓我們現在就以我家的客廳為例，現在你應該已經非常熟悉了。如果在洗過的那副牌中，第一張牌剛好是梅花2時，我看到保羅紐曼轉動擴音器上面橘色的圓錐筒。如果下一張牌是梅花3，我看到長髮公主在電視上梳頭髮。我看著每一張牌的時候，就會看到影像。我把影像放在房間裡適當的位置上或裡面，就好像西塞羅兩千年前所做的一樣。當我想要回想整副紙牌時，只要進入每個房間，「看看」每個位置所連結的影像即可。如果有人問我：「你看到的第二張牌是什麼？」我只需要回到心裡的位置2，也就是電視機，就會看到長髮公主用梳子在梳頭髮。當然，這就代表梅花3囉！

這個練習能讓你的心智得到前所未有的開發。首先，當然，你可能不會真正相信自己真的做得到。我知道我以前不信這一套，不過，請你今天就用一種花色來試試看。只有十三張牌而已，你現在已經知道自己可以輕鬆記住十三張牌。在我開始做這個練習的時候，多麼希望有大師從旁指點。不過，現在你可以省下許多嘗試錯誤的時間！其次，你用很有趣的方式來連結數字和字母，這可以幫助你記住所有狀況之下出現的數字。第三點，你正從混亂中創造秩序。第四點，因為你的想像力獲得開發、注意力變得更集中、更專心、說故事能力也變好了、而且大腦運作更有效率，使得你的心智發展更健全！第五點，你正在理解自己學習的模式，因為你慢慢知道自己需要花多少時間來學習新事物，以及依據艾賓

表11-5：建立影像

紙牌	影像	名人
A♣	c___t	
2♣	c___n	
3♣	c___m	
4♣	c___r	
5♣	c___l	
6♣	c___d	
7♣	c___k	
8♣	c___f	
9♣	c___p	
10♣	c___s	
J♣		
Q♣		
K♣		

浩斯的「遺忘曲線」和「一的原則」，你願意記憶的時間有多長等重要事實。

1. 從第四天開始每天複習數字化字母表。
2. 如果你一個人玩紙牌的話，請在桌上從梅花A到梅花老K的順序擺放紙牌。A是紙牌1。
3. 利用下表來建立每張紙牌的影像。（暗示：可以把Jack、皇后、國王想像成「在俱樂部」中擔任重要角色的優雅人士，例如，國王可能是主席、皇后是女主人、而傑克則是某個重要的幹部。）

4. 影像之後，想像某個名人正在做某件跟它有關的事情。

5. 紙牌的背後用油性筆寫下物體與名人之間的故事。

6. 每張牌都建立影像之後，在它們還放在桌上的時候，順序反過來複習一遍。只要你能夠記住每個影像，花多少時間都沒關係。

7. 現在，請準備接受一場驚奇之旅吧！拿起那個花色，徹底洗牌，然後牌面向上，疊起來，一張一張拿起這些已經打亂的牌，看看你可不可以在心裡「看到」影像。如果你腦中一片空白，請看看牌的背面，這應該能夠讓你下一次更容易回想連結的影像。如果你某張牌一直想不起來，請再回到你的「ＳＥＡ視覺化」知識庫中，找一個元素可以讓這個影像更鮮明的元素加進去。

8. 複習這個花色的十三張牌，直到你能夠毫無錯誤的成功記住所有紙牌為止。休息十五分鐘，然後再做一遍這個練習。

這個練習的目的是協助你意識到自己心智的龐大潛能。在你把紙牌轉換成影像的過程中，其實很像音樂家將寫在紙上的音符轉換成悅耳的樂曲一樣。今天的練習就到此為止。

如果你想更深入探索，請再把這十三張紙牌洗一次，然後把每個影像依序放在兩間羅馬房間中。把每個影像和兩間羅馬房間中的物品、牆壁、角落等做連結，複習幾次都沒關係，直到你記住為止，然後看看你可不可以用任何順序來回想它們。

如果你想記住整副牌，請重複在剩下來的三個花色上做同樣的練習。務必記住一點：在你創造影像的時候，影像的第一個字母必須和那個花色的第一個字相同。因此，所有你為方塊（diamond）花色創造的影像，開頭字母都應該是D。

現在，讓你的親朋好友崇拜你吧！同時也請告訴他們，只要他們願意，也能擁有更有力、讓人生更豐富的記憶力！

附錄：記憶冠軍爭霸賽規則說明

表A

比賽名稱	背詩
目標	記憶並背誦一首詩
記憶時間	15分鐘
回憶時間	30分鐘
命題方式	1. 一首未曾出版過，特地為本比賽創作的詩（包括題目、詩行及作者名，可以用廣告稿。） 2. 世界記憶冠軍賽可使用翻譯，但至少必須在賽前八週預定。
作答方式	1. 參賽者必須背誦整首詩，將全詩依照寫作元（詩題作者與作者名亦列入計分）從頭到尾、一模一樣默寫在主辦單位提供之橫格紙上。 2. 參賽者必須明確標示每一詩行在何處結束，新的一行從何處開始。 3. 參賽者必須明確標示他們默寫時遺漏的是哪幾行（最多容許省略兩行）。
評分方式	1. 正確記憶以下各項始可得分： ● 每個拼法正確的字 ● 每個大寫字母 ● 每個標點符號（包括斜體字與畫底線）。 2. 每行分別設定不同的分數，但必須整行完整無錯誤才能得分。 3. 世界記憶冠軍賽中，使用同一首詩的數種不同翻譯版本，每種版本均為英文原作的逐字翻譯，所以為英文版設計的單行給分數，也一體適用不同的翻譯版本。 4. 對於錯誤的扣分標準與其他比賽項目相同：亦即每行出現一個錯誤，該行分數減半計算；兩個錯誤，該行零分。 5. 若答案卷上的最後一行只完成部分，但該行完成的部分均為正確，依完成的比例給分。 6. 如果一個字彙或表達方式，其主要結構與原定要記憶的字彙顯而易見相似，但拼寫不正確，該字彙不給分。但並不因此視同該字彙在詩行裡不存在。例如，假定有人把rythm寫成rhythm，該字不給分，但若同一行的其他字詞均為正確，則該行可獲得該行的總分減一分。

（原注：有鑑於若干字彙容許數種不同拼法、翻譯筆誤、失語症，以及外籍人士的語言障礙等因素，特設此條以降低情況的複雜性。）

表B

比賽名稱	二進位數字
目標	盡可能記憶最多二進位數字（101101,等），並正確無誤回憶。
記憶時間	30分鐘
回憶時間	60分鐘
命題方式	1. 電腦產生的二進位數字，依每行30個數字，每頁25行的方式排列（每頁750個數字）。 2. 總字數為4500字。裁判可提供更多數字，但必須在比賽前一個月提出申請。
作答方式	1. 參賽者必須將記得的數字以每行30字的格式默寫出來。 2. 參賽者可利用大會提供的答案紙或自備紙張（但必須在回憶開始前通過裁判檢查認可）。 3. 答案紙上的分行與命題紙的分行對應關係必須標示清楚（遺漏的行數必須清楚標示）。
評分方式	1. 完整且正確依序記憶的每一行，得30分。 2. 每一行完整的30個數字中，若有一個錯誤（包括遺漏數字），得15分。 3. 每一行完整的30個數字中，若有兩個以上錯誤（包括遺漏數字），得0分。 4. 僅適用於最後一行：如果最後一行不完整（例如：只寫了開頭19個數字），但所有數字均為正確，則每個數字得1分（如上例可得19分）。 5. 如果最後一行不完整，且有一個錯誤（包括遺漏數字），則給寫出的數字總數一半的分數。（小數點後面的數字四捨五入，亦即19分的一半計為10分。） 6. 得分最高者即為本項比賽的優勝者。

表C

比賽名稱	姓名與臉孔配對
目標	盡可能記憶最多的人名，並且將它們與正確的臉孔連結。
記憶時間	15分鐘
回憶時間	30分鐘
命題方式	1. 不同人的彩色照片99張（頭部與肩膀），每張照片下方寫出姓名。 2. 照片編排方式為每行3張，每頁3排，共計9張，總共為A4紙張10頁。
作答方式	1. 參賽者會再拿到99張照片（仍為每行3張，每頁3排的格式），但沒有名字，排列秩序也與命題卷不同。 2. 競賽者必須在每張照片下方清楚寫出正確姓名（先寫名，再寫姓氏）。
評分方式	1. 每個拼寫正確的名可得1分。 2. 每個拼寫正確的姓可得1分。 3. 每個發音正確但拼寫方式不正確的名（例如將Claire拼成Clare）可得半分。 4. 每個發音正確但拼寫方式不正確的姓（例如將Smith拼成Smyth）可得半分。 5. 如果只記得名或姓氏，仍可得分。 6. 得分最高者為優勝者。

表D

比賽名稱	數字短跑
目標	盡可能記憶最多亂數（1、3、5、8、2、5、2等），並正確回憶。
記憶時間	5分鐘
回憶時間	15分鐘
命題方式	1. 電腦產生的數字，以每行40字，每頁25行的格式排列。 2. 提供1000個數字（1頁）
作答方式	1. 參賽者把記憶的數字依每行40字默寫出來。 2. 參賽者可使用大會提供的答案紙，或自備紙張（但必須在回憶開始前通過裁判檢查認可）。 3. 答案紙上的分行與答題紙的分行對應關係必須標示清楚（遺漏的行數必須清楚標示）。
評分方式	1. 完整並依序記憶的每一行，可得40分。 2. 完整包含40個數字的每一行，若有一個錯誤（包含遺漏數字），該行可得20分。 3. 完整包含40個數字的每一行，若有兩個以上錯誤（包含遺漏數字），該行得0分。 4. 僅適用於最後一行：如果最後一行不完整（例如：只寫了開頭29個數字），但所有數字均為正確，則每個數字得1分（如上例可得29分）。 5. 如果最後一行不完整，且有一個錯誤（包含遺漏數字），則給寫出的數字總數一半的分數。（若為奇數，小數點後面的數字四捨五入，例如29分的一半即為15分。） 6. 最後一行若有兩個以上錯誤（包括遺漏數字），該行得0分。 7. 得分最高者（比賽兩次，以較高得分計分）即為本項比賽的優勝者。

表E

比賽名稱	一小時紙牌記憶
目標	盡可能記憶最多副（每副52張）不混合的紙牌
記憶時間	60分鐘
回憶時間	120分鐘（記憶與回憶之間有15分鐘休息時間，以便收回紙牌）
命題方式	1. 參賽者指定一定數量的紙牌（每副52張），各自徹底洗過，不予混合。 2. 參賽者交出完全記憶的紙牌，並說明最後一副是完整或部分記憶。 3. 參賽者把記憶完的的每副牌交回時，都必須向裁判交代清楚這副牌的編號（次序）。 4. 這些牌可以重覆再看，每次可同時看一張以上的牌。 5. 各副牌必須依序編號，加上姓名縮寫，用橡皮筋束緊。記憶的次序（由上而下或由下而上）也要標示清楚。這可以在記憶的同時或記憶完成後立即處理。大會將提供參賽者所需的橡皮筋和便利貼。
作答方式	1. 參賽者必須寫下每副牌的排列次序，每張牌的點數（例如：A、2、3、J、K、Q）與花色（梅花、方塊、紅心、黑桃可寫成C、D、H、S）都要標示清楚。 2. 參賽者必須在答案紙上明白標示，填寫的清單對應哪副牌。
評分方式	1. 正確記憶的每副牌可得52分。 2. 每副牌若出現一個錯誤，可得26分。 3. 每副牌若出現兩個以上錯誤，得0分。 4. 僅適用於最後一副牌：若最後一副牌不完整（例如只記開頭38張牌），但回憶的每張牌均為正確，回憶的紙牌張數即為得分（上例可得38分）。 5. 若最後一副牌不完整，且有一個錯誤，則給紙牌張數一半的分數。（奇數0張紙牌，得分四捨五入，例如19張牌，得分即為10分。） 6. 最後一副牌有兩個以上錯誤，得0分。 7. 得分最高者為優勝者。

表F

比賽名稱	隨機字彙
目標	盡可能記憶最多隨機選取的數字
記憶時間	15分鐘
回憶時間	30分鐘
命題方式	1. 字彙表為每欄20字，每頁5欄的格式。 2. 提供四頁（共400字）字彙。 3. 參賽者必須從第一欄的第一字開始，盡可能記憶最多字彙。
作答方式	1. 參賽者必須把字彙表上的字寫在大會提供的紙張上。 2. 參賽者可以使用空白紙張，但每個字必須有清楚的編號，每欄字彙的開始與結束也需容易辨識。
評分方式	1. 一欄之中從頭到尾20個字均拼寫正確，每個字得一分。 2. 包含20個字的一欄之中，若有一個錯誤（包含缺漏字），該欄得10（20/2）分。 3. 包含20個字的一欄之中，若有一個錯誤（包含缺漏字），該欄得0分。 4. 只適用於最後一欄：如果最後一欄未答完，但答出的每個字均拼寫正確，每個正確的字得一分。 5. 最後一欄未答完，且有一個錯誤（包含缺漏字），可得該欄寫出的單字總數一半的分數。（奇數字數，得分四捨五入，例如19個字當中） 6. 兩個以上錯誤（包含缺漏字），該欄得0分。 7. 如果字彙或表達方式顯而易見記憶成功，亦即主要結構顯而易見與命題類似，但拼寫方式不正確，該字不給分。但並不扣除該欄中其他字彙的分數。例如有人把rythm拼寫成rhythm，該字不給分，但若同一欄中其他字彙均為正確，可獲得該欄總分減一分（亦即19分）。

表G

比賽名稱	一小時數字記憶
目標	盡可能記憶最多隨機選取的數字
記憶時間	60分鐘
回憶時間	120分鐘
命題方式	1. 電腦產生的數字，依每行40個數字，每頁25行的方式排列。 2. 總共4000個數字（4頁）。裁判可提供更多數字，但必須在比賽前一個月提出申請。
作答方式	1. 參賽者必須將記得的數字依照每行40字的格式默寫出來。 2. 參賽者可利用大會提供的答案紙或自備紙張（但必須在回憶開始前通過裁判檢查認可）。 3. 答案紙上的每牌數字與題目紙上數字的對應關係必須標示清楚（缺漏的行列必須說明）。
評分方式	1. 完整且正確依序記憶的每一行，得40分。 2. 每一行完整的40數字中，若有一個錯誤（包含遺漏數字），得20分。 3. 每一行完整的40數字中，若有兩個以上錯誤（包含遺漏數字），得0分。 4. 僅適用於最後一行：如果最後一行不完整（例如：只寫了開頭29個數字），但所有數字均為正確，則每個數字得1分（如上例可得29分）。 5. 如果最後一行不完整，且有一個錯誤（包含遺漏數字），則給寫出的數字總數一半的分數。（小數點後面的數字四捨五入，例如29分的一半即為15分。） 6. 最後一行若有兩個以上錯誤（包括遺漏數字），該行得0分。 7. 得分最高者即為本項比賽的優勝者。

表H

比賽名稱	歷史與未來日期
目標	盡可能記憶最多虛構、以數字表示的歷史或未來日期，並盡可能將它們跟正確歷史事件連結。
記憶時間	5分鐘
回憶時間	15分鐘
命題方式	1. 提供每頁40個，總共80個不同的歷史日期。 2. 歷史日期介於西元1000年至2099年之間。 3. 所有歷史日期均為虛構或很籠統（例如，和約簽訂日期）。 4. 事件描述的長度為1到5個字。 5. 統計上以一整年為單位，任何一年（或任一事件）不會出現兩次。 6. 四位數的歷史年份位於事件的左邊，事件則由上往下排列。
作答方式	1. 參賽者收到兩張答案卷，每張答案卷上列出40件歷史事件的內容。 2. 歷史事件的排列次序跟記憶階段的命題卷不同。 3. 參賽者必須在歷史事件寫下正確的年份。
評分方式	1. 每個正確的年份得1分，年份的四個數字都必須正確。 2. 年份正確但在題目卷裝非與指定事件搭配者不給分。 3. 不倒扣。 4. 事件之前只能寫一個年份。 5. 分數累計，得分最高者優勝。

表1

比賽名稱	口述數字
目標	盡可能記憶最多的口述數字
記憶時間	第一場——100秒 第二場——200秒 第三場——300秒
回憶時間	第一場——5分鐘 第二場——10分鐘 第三場——15分鐘
命題方式	1. 播放錄音帶，以清晰的聲音用英文朗讀數字（1、5、4、8等），每秒鐘一個數字。 2. 第一場——朗讀100個數字。 3. 第二場——朗讀200個數字。 4. 第三場——朗讀300個數字。 5. 播放錄音帶期間，嚴禁寫字。 6. 參賽者即使已達記憶極限，也必須留在座位上保持安靜，不得亂動，必須聽完剩下的錄音。 7. 如果因為外來干擾，任何一場比賽必須暫停，重播時會從干擾開始前的第五個數字繼續。
作答方式	1. 參賽者必須依照朗讀的次序，從開始將數字連續寫出。 2. 參賽者可使用大會提供或自備之空白紙張作答（但自備紙張需在回憶開始前先經裁判檢查核准）。
評分方式	1. 從朗讀的第一個數字開始，參賽者依序寫下的每一個正確數字可得1分。 2. 參賽者犯第一個錯誤開始，就不再給分。 3. 例如，參賽者作答到127個數字，但在第43位數犯錯，得分即42分。如果參賽作答到400位數字，但第一個數字就錯了，只能得0分。 4. 得分最高者優勝。

表J

比賽名稱	快速記牌
目標	盡可能在最短時間內記憶一副牌（52張）。
記憶時間	5分鐘（本項比賽共賽兩次，每次使用一副全新的牌）
回憶時間	5分鐘（每次）
命題方式	1. 新洗好的一副牌（52張）。 2. 預期以少於5分鐘的時間記憶整副牌的參賽者，必須先行通知裁判，以便安排專人以碼表計時。 3. 參賽者必須等裁判宣布5分鐘時間到，或所有其他參賽者都已在5分鐘時限內完成記牌，才可以開始回憶。 4. 預期以少於5分鐘的時間完成記憶的參賽，必須跟他們的監考官約定適當的信號，表示他們已完成記憶工作。 5. 可重覆看牌，或同時看一張以上的牌。
作答方式	1. 記憶階段完成後，參賽者會拿到第二副已標準順序排列的牌。參賽者必須把這副牌牌成跟他剛才記憶的紙牌一模一樣的排列。 2. 回憶階段完成後，兩副牌會並排放在桌上，記憶的第一章排放最上面。
評分方式	1. 評審會將記憶牌組與回憶牌組比較。直到兩副牌出現第一張不符，這時會計算牌的張數。 2. 用最短時間正確記完52張牌的參賽者獲勝。 3. 只有正確記憶整副牌的參賽者才能得分。 4. 比賽兩次，以最佳成績計分。

大腦什麼都記得住！用更少的力氣記住更多的東西，四屆記憶冠軍親授的超效率無極限記憶術

Memory Power: You Can Develop a Great Memory—America's Grand Master Show You How

作者	史考特・海格伍德（Scott Hagwood）
譯者	張定綺
商周集團執行長	郭奕伶
視覺顧問	陳栩椿
商業周刊出版部	
總編輯	余幸娟
責任編輯	盧珮如
封面設計	Atelier Design Ours
版型設計／排版	黃齡儀
出版發行	城邦文化事業股份有限公司-商業周刊
地址	115020 台北市南港區昆陽街16號6樓
	電話：（02）2505-6789　傳真：（02）2503-6399
讀者服務專線	（02）2510-8888
商周集團網站服務信箱	mailbox@bwnet.com.tw
劃撥帳號	50003033
戶名	英屬蓋曼群島商家庭傳媒股份有限公司城邦分公司
網站	www.businessweekly.com.tw
製版印刷	中原造像股份有限公司
總經銷	聯合發行股份有限公司　電話：（02）2917-8022
初版1刷	2019年10月
初版8刷	2024年 5 月
定價	380元
ISBN	978-986-7778-81-9（平裝）

國家圖書館出版品預行編目（CIP）資料

大腦什麼都記得住：用更少的力氣記住更多的東西，四屆記憶冠軍親授的超效率無極限大腦記憶術 / 史考特.海格伍德(Scott Hagwood)著；張定綺譯. -- 初版. -- 臺北市：城邦商業周刊, 2019.10

面；　公分

譯自：Memory power : you can develop a great memory-- America's grand master shows you how

ISBN 978-986-7778-81-9（平裝）

1. 記憶

176.33　　108013089

藍學堂

學習・奇趣・輕鬆讀